쓸모 있는 인문 수업

생명과학

호모아카데미쿠스 002
Homo Academicus

쓸모 있는 인문 수업

생명과학

다구치 히데키 지음 | 김정환 옮김

이룸북

여는 글

현대 생명과학의 기본 원리를 소개하다

생명이란 무엇인가?

이는 인류가 고대부터 지속적으로 품어온 중대한 의문이다. 인류의 역사 속에서 조금씩 쌓여온 생명에 대한 이해는 최근 수십 년 사이에 폭발적인 진전을 이루었다. 20세기 중반 왓슨James Watson과 크릭Francis Crick, 1916~2004이 DNA 이중나선 구조를 발견한 지 50년도 채 지나지 않은 2001년 인간의 DNA 전체가 해독되었다. 인간 유전체(게놈)의 해독이라는 하나의 도달점에 다다른 뒤에도 진보는 빠르게 진행 중이다. 앞으로 몇 년 뒤에는 수십만 원, 아니 수만 원 정도만 내면 개인의 유전체정보 전체를 해독해주는 장치가 만들어질 것으로 보인다. 유전체만이 아니다. 생명과학의 진보는 다양한 층위에서 우리에게 음양으로 영향을 미친다. 신문과 텔레비전 뉴스에 광우병 유발인자, 유전자조작

식품, DNA 감정 등이 자주 등장하고 실생활에서도 메타볼릭증후군이나 건강보조식품, 콜라겐 등 생명과학과 관련된 것들이 흔히 화제에 오른다.

생명과학에 관한 최소한의 올바른 지식은 현대사회를 살아가는 데 필수적이다. 그래야 널리 유포되어 있는 잘못된 지식이나 사이비과학 등에 현혹되지 않고 올바르게 판단하며 풍요로운 생활을 할 수 있다. 실제로 미국을 비롯한 각국의 유명 대학에서는 생물 계열 전공자뿐 아니라 모든 학생이 생명과학을 교양과목으로 이수한다. 이과와 문과 구분 없이 모든 학생의 교양과목으로 지정했다는 데에서 이 분야의 중요성을 짐작해볼 수 있다.

대부분의 독자가 생명과학을 체계적으로 배워보지 못했을 수 있다. 혹시 생물학을 수학이나 물리같이 체계가 잡힌 학문이 아니라 잡다한 지식이 나열된 암기과목이라고 생각하지는 않는가? 또는 고등학교 생물 시간에 멘델의 법칙을 외우려고 고생했던 기억을 떠올릴지도 모른다. 이는 생명과학이 너무 빠르게 발전한 나머지 고등학교 교과서가 현대의 생명과학을 반영하지 못하고 구닥다리가 되어버린 데서 기인한 이미지다. 오늘날 대학에서 가르치는 생명과학과 과거 우리가 배운 생물학은 거의 별개라고 보아도 무방하다.

그렇다면 현대 생명과학의 특징은 무엇일까? 현대의 생명과학은 지구상에 수백만 종에 이르는 다양한 생물이 있으며 아무리 복잡해 보이는 생물도 궁극적으로는 '세포'로 구성되어 있다는 사실을 인식하는

데에서부터 출발한다. 생명과학은 '세포'를 '분자'의 층위에서 설명함으로써 생명을 이해한다. 다른 시각에서 보면 지구상에 존재하는 모든 생물은 '보편적인 생명의 원리'를 가진다는 생각이 그 배경에 자리한다. 전체를 관통하는 보편성을 추구한다는 점에서 생명과학은 수학이나 물리처럼 체계적이며, 따라서 기존의 생물학이 지닌 암기과목의 이미지는 이미 불식되었다고 해도 과언이 아니다.

이 책에서는 생명의 최소 단위인 세포 속에서 DNA나 단백질처럼 생명에 보편적으로 존재하는 분자가 어떤 일을 하는지 가능한 한 이해하기 쉬운 말로 전하고자 한다. 생명의 보편적인 기본 원리를 이해함과 더불어 현대 생명과학이 이룬 최첨단 성과와 가까운 미래에 대한 전망 또한 소개할 것이다.

이 책을 읽으면 다음과 같은 궁금증을 해결할 수 있다.

· 생명을 어떻게 정의할까?
· 단백질이 단순한 영양분이 아니라고?
· 우리가 먹은 영양분은 몸속에서 어떻게 대사될까?
· DNA와 단백질은 어떤 관계를 맺고 있을까?
· DNA와 유전체는 어떻게 다를까?
· 프리온이란 무엇인가?
· 생명을 인공적으로 만들 수 있을까?

책을 읽고 나면 생명을 바라보는 시각이 달라져 지금까지 우리와 별 관계없다고 여겼던 주변의 생물, 곤충, 풀, 박테리아 등이 생명이라는 관점에서는 모두 똑같다고 생각할지도 모른다. 또한 앞으로 생명과학과 연관된 뉴스를 볼 때 이해도가 달라질 것이며, 나아가 생명에 관해 더욱 심도 깊게 알고 싶어질 수 있다.

나는 단백질, 좀더 자세히 말하면 샤프론이라는 단백질을 연구하고 있다. 샤프론은 간단히 설명하면 갓 태어난 아기 단백질이 훌륭히 성장해 자립하도록 돕다가 어른이 되면 떨어져나가는 단백질이다. 샤프론의 중요한 역할은 단백질이 본래 지니고 있는 자립하는 능력을 최대한으로 활용할 계기를 제공하는 것이다. 생명과학을 더 자세히 알고 싶지만 어떻게 공부해야 할지 모르는 사람에게 이 책이 생명과학의 기본을 이해하고, 나아가 좀더 깊이 공부할 계기를 만들어주는 '샤프론'의 역할을 한다면 그보다 기쁜 일은 없을 것이다.

차례

1장

산다는 것은 어떤 상태인가

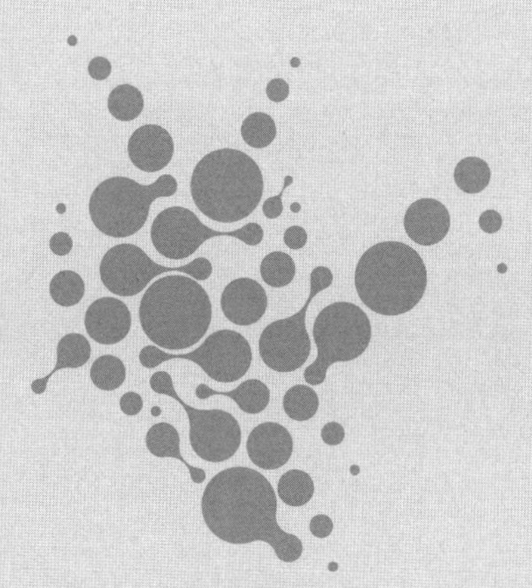

생명이란 무엇이며, 생명을 정의하는 성질은 무엇일까?

현재 지구상에는 180만 종의 생물, 즉 생명을 지닌 물질이 존재하는데, 이들은 크기와 모양은 물론 생육 환경도 다양해서 그 사이에 공통된 성질이 있으리라 생각하기 어렵다.

그런데 생명을 특징짓는 기본 성질에 대한 현대 생명과학의 대답은 명쾌하다.

- 모든 생물은 세포라는 단위로 구성되어 있다.
- 단백질대사를 통해 에너지를 만들어 생명을 유지한다.
- DNA가 가진 유전정보를 바탕으로 복제하고 증식하며 나아가 진화한다.

일러두기

- 이 책에 기재된 회사명과 제품명 등은 통상적으로 쓰이는 각 회사의 상표와 등록명입니다.
- 본문에 기재되어 있는 URL은 2016년 10월 기준입니다.

생명이란 무엇일까

생명과학에 관해 배우기 전에 먼저 '생명'이란 무엇인지 생각해보자. 생명을 어떻게 정의하는가는 참으로 어려운 문제다. 여기서는 '생명'을 지닌 물질을 '생물'로 보고, 생물에 공통된 성질을 추출하는 방법으로 생명을 정의하고자 한다.

생물이라고 하면 무엇이 떠오르는가? 코끼리, 고래, 개미, 해파리 같은 동물이나 나무, 풀, 이끼 같은 식물 또는 육안으로는 보이지 않는 곰팡이나 박테리아 같은 미생물, 아니면 동물인지 식물인지 알 수 없는 산호, 연두벌레(유글레나)…. 현재 지구상에는 180만 종에 이르는 생물이 존재한다고 알려져 있다. 이들은 크기와 모양은 물론 생육 환경도 다양해서 그 사이에 공통된 성질이 있으리라고는 도저히 생각되지 않는다. 그렇다면 생명을 정의하는 성질은 대체 무엇일까?

생명의 기본 단위는 세포다

현대 생명과학의 대답은 명쾌하다. 모든 생물은 '세포'라는 단위로 구성되어 있다는 것이다. 세포 한 개로 구성된 박테리아 등의 단세포 생물은 물론이고, 아무리 거대한 동물이나 식물도 결국은 세포의 집합체일 뿐이다**그림 1-1**. 인간은 약 60조 개의 세포로 구성되어 있다고 하는데, 갓 생겨날 때는 한 개의 세포에서 시작한다. 진화의 관점에서 생각해도 다세포로 구성된 생물이 어느 날 갑자기 지구상에 출현했을 리 없다. 최초의 생물이 출현한 약 35억 년 전부터 수억 년 동안 지구상에는 단세포생물만이 존재했다.

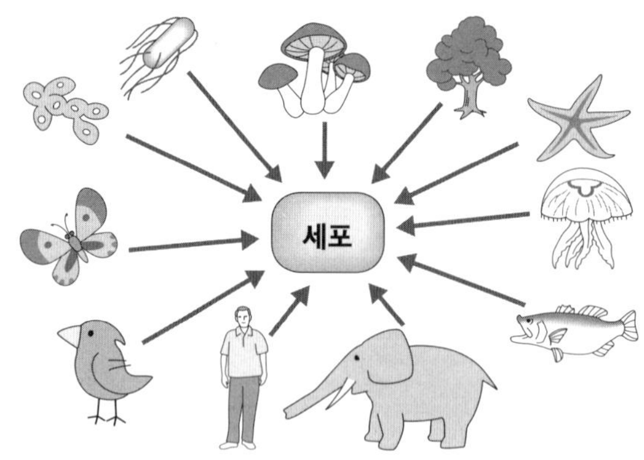

그림 1-1 모든 생물은 세포로 구성되어 있다

생명을 특징짓는 세 가지 성질

생명을 정의할 때는 세포를 기본 단위로 삼으면 된다는 것을 알았으니 이어서 세포가 공통적으로 지닌 성질을 살펴보자. 이 책에서는 생명을 특징짓는 기본 성질로 다음 세 가지를 정의하고 논의를 진행할 것이다 **그림 1-2**.

(1) 막으로 둘러싸여 있다 → 생명이 성립하는 공간, 즉 세포를 만든다.

(2) 에너지를 지속적으로 만든다 → 단백질대사를 통해 생명을 유지한다.

(3) 증식한다 → DNA가 가진 유전정보를 바탕으로 복제, 나아가 진화를 한다.

바로 이해가 되지 않는 항목도 있을지 모르니 각각의 성질에 관해 좀더 자세히 설명하겠다.

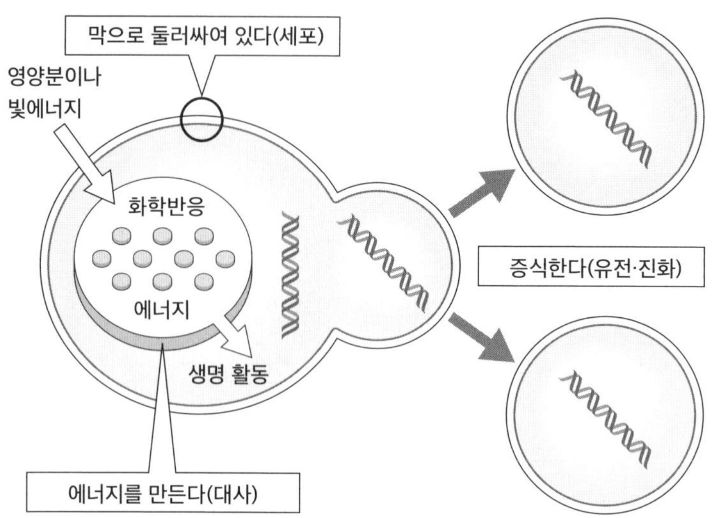

그림 1-2 생명을 특징짓는 세 가지 성질

막으로 둘러싸여 있다

물에 녹지 않는 기름으로 용기를 만들어 외부로부터 격리시킨다

'막으로 둘러싸여 있다'는 사실이 당연하게 여겨질지도 모른다. 생명을 관장하는 물질을 전부 갖추었더라도 그것이 바다나 공중에 떠 있다면 생명이라고 부를 수 없기 때문이다. 막에 싸여서 외부와 격리된 공간을 만드는 것은 세포, 나아가 생명의 전제다.

최초의 생명은 물속에서 생겨났으므로 물속에서 외부와 격리된 공간을 만들려면 물에 녹지 않는 물질로 감쌀 필요가 있었다. 따라서 물에 녹지 않는 기름(지질)이 생명을 감싸는 막의 주성분이 되었다. 그렇다고 해서 완전히 격리되면 세포는 살아가지 못한다. 생명을 유지하기 위해서는 막을 통해 물질을 주고받거나 정보를 전달하는 것이 매우 중요하다.

에너지를 지속적으로 만든다

단백질대사

다음으로 '에너지를 지속적으로 만든다'는 것이 무슨 의미인지 이해가 잘되지 않을지도 모른다. 생명 활동의 기본은 한마디로 말하면 세포 속에서 일어나는 방대한 화학반응이라고 할 수 있다. 본래 잘 일어나지 않는 화학반응을 일으키거나 복잡한 화학반응의 집합을 제어하기 위해서는 에너지(화학에너지)가 필요하다. 예를 들어 생명 활동을 유지하려면 끊임없이 에너지를 생산해야 하는데, 무無에서 에너지를 만들어낼 수는 없다. 생명이 사용하는 에너지의 근원은 태양에서 오는 빛에너지다. 식물은 광합성을 통해 빛에너지를 당糖 등의 화학에너지로 변환하고, 우리는 그 화학에너지를 영양분으로 섭취해 생명 활동을 이어나간다.

생명이 외부에서 받아들인 에너지를 자신이 사용하기 편한 에너지[1]로 변환해 생명 활동에 필요한 물질을 합성하거나 세포 속에서 방대한 화학 반응을 진행하는 과정 전체를 넓은 의미에서 '대사代謝'라고 한다(4장 참고). 그리고 대사를 담당하는 주역이 단백질이다.

1 모든 생물이 공통적으로 '사용하기 편한 에너지'를 구체적으로 설명하면 아데노신삼인산ATP이라는 물질이다. 이에 관해서는 4장에서 자세히 설명하겠다.

증식한다

유전된다

생명을 특징짓는 마지막 성질인 '증식한다'를 좀더 정확히 설명하면 자신의 복제를 만들어낸다는 의미다. 복제되어 계승되는 성질이라고 하면 무언가가 떠오르지 않는가? 그렇다. 바로 유전이다. 유전정보는 DNA(데옥시리보핵산)에 담겨 있다. 왓슨과 크릭은 20세기 최대의 발견이라고 해도 과언이 아닌 DNA 이중나선 구조를 밝혀냄으로써 DNA

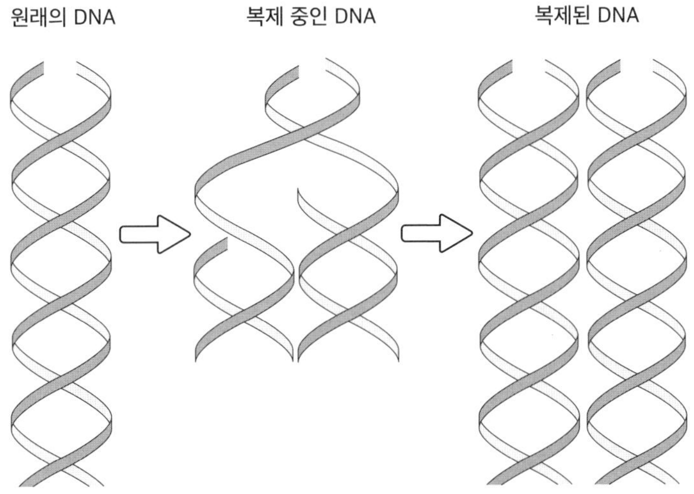

그림 1-3 DNA 이중나선이 복제되어 두 배가 되는 방식

가 어떻게 자신의 복제를 만들어내는가 하는 수수께끼를 분자의 층위에서 설명하는 돌파구를 열었다**칼럼 1**. DNA가 복제되는 방식은 5장에서 자세히 설명할 예정인데, 간단히 말하면 그림 1-3과 같다. 먼저 이중나선이 풀려서 하나의 DNA 사슬이 되었다가 이 단일 사슬 각각이 다시 이중나선이 됨으로써 두 개의 이중나선으로 복제되는 것이다.

유전정보가 복제를 통해 계승된다는 성질 자체를 생명의 중심에 두는 견해도 있다. 영국의 진화생물학자인 도킨스Richard Dawkins는 《이기적 유전자》에서 유전형질 DNA 자체가 생명이며 생물은 DNA가 이용하는 '탈것vehicle'에 불과하다고 주장했을 정도다**그림 1-4**.

생물 진화의 기본은 바로 증식한다는 성질이다. 진화를 통해 다양

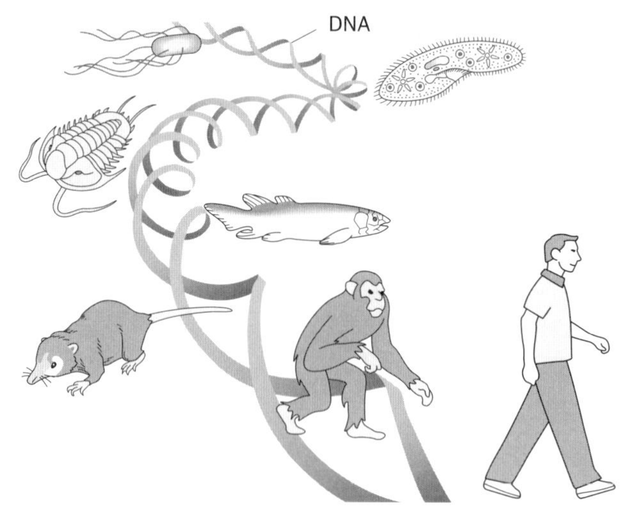

그림 1-4 생명은 DNA를 계승하는 탈것에 불과하다는 견해도 있다

한 생물이 탄생하는 것과 자신과 같은 존재를 복제하는 것이 언뜻 모순처럼 보이겠지만, 복제를 할 때 발생하는 아주 작은 오류가 오랜 세월 동안 쌓이면서 다양한 생물을 만들어내는 근원이 되었다. 진화의 본질은 '변화'다. 다양하게 변화한 생물 중에서 환경에 적응한 것만이 살아남아 생명의 역사를 형성해왔다는 생각은 현대 진화론의 기초를 이루고 있다.

생명을 이해하려면 세포 내 분자를 알아야 한다

생명이라는 막연한 개념이 이제 좀 정리되는가? 생명이 깃든 생물은 모두 세포로 구성되어 있으며 그 세포에는 기본적인 세 가지 성질이 있다는 것으로 생명을 정의했다. 그러나 사실 생명의 정의는 매우 어려운 문제기 때문에 명확한 정답이 존재하지 않는다.

생명은 광대한 우주에서 지구에만 존재할까? 이른바 '외계 생명체'[2] 문제를 다루려면 먼저 지구 차원에서 밝히는 생명에 대한 정의가 필요하다. 외계 생명체를 꾸준히 탐사하고 있는 미국 항공우주국NASA은 생명을 '다윈 진화가 가능한 자신을 유지할 수 있는 화학 장치Self-sustaining chemical system capable of Darwinian evolution'로 정의했다고 한다. 언뜻 추상적이고 어려운 표현이지만 '자신을 유지할 수 있는 화학 장치'라는 부분이 대사를, '다윈 진화가 가능하다'는 부분이 유전을 바탕으로 한 진화를 의미한다고 생각하면 이해할 수 있다.

2 외계 생명체를 영어로는 Extraterrestrial life, 줄여서 ET라고 한다.

생명과학은 매우 광범위하며 학문들의 집합체여서 대학 강의나 교과서에도 이를 다루는 명칭이 여럿 등장한다. 이 책에서는 현대 생명과학을 이해하는 데 필수라고 생각하는 생화학, 분자생물학, 세포생물학을 중심축으로 삼아 그 진수를 소개할 것이다 **칼럼 2**. 이 세 가지 학문은 완전히 독립된 것이 아니라 부분적으로 겹친다. 세 학문의 명칭에 포함된 용어를 가지고 표현하자면, 이 책의 특징은 생명을 '세포' 내 '분자'의 층위로 파악하고 '화학'의 관점에서 이해하는 것이라고 할 수 있다.

그러면 생명을 정의하는 세 가지 특징을 어떤 물질, 즉 어떤 분자가 담당하고 있는지 살펴보자.

세포 구성 성분
물은 생명의 어머니

먼저 세포의 구성 성분을 보자. 그림 1-5는 박테리아 세포 구성 성분의 대략적인 비율이다. 물이 70퍼센트로 가장 큰 비중을 차지한다. 앞서 생명의 정의 중 하나로 '막으로 둘러싸여 있다'는 항목을 소개할 때 막이 무엇을 둘러싸고 있는지는 굳이 밝히지 않았는데, 바로 물(그리고 물에 녹은 성분)을 둘러싸고 있는 것이다. 세포 속에 물이 많은 것은 생명이 30억 년 이전의 원시 지구 바다, 즉 물속에서 탄생했음을 반영한다. 더 정확히 말하면 생명은 물의 존재 아래서 성립한다. 물은 아주 흔한 물질이지만, 화학적으로 본 물H_2O은 매우 특이한 성질을 지니고 있다. 특히 H_2O는 분자 중에서 양전하와 음전하가 비대칭적으로 분포하는 극성분자[3]라는 점이 중요하다. 뒤에서 설명할 단백질이나 DNA가 생명을 지탱할 수 있는 이유 중 하나는 분자와 분자 사이에 작용하는 '약한 결합'에 있다. 약한 결합이란 구체적으로 수소결합이라고 부르는 수소를 매개체로 한 결합[4], 정전결합이라고 부르는 양전하와 음전하 원자 사이의 결합, 소수성 상호작용이라고 부르는 물속에서 기름분자가 모이는 성질 등을 가리킨다. 이런 약한 결합들은 전부 물속에서 작용하는 성질이다.

이와 같이 물은 생명의 어머니라고 할 수 있는 물질이다.[5] 실제로 지구 밖에서 생명을 탐사할 때 생명이 존재할 가능성이 있는 환경으로 보는 기준 중 하나가 물의 유무다. NASA가 화성에서 물의 흔적을 거듭 조사하는 이유는 화성에 생명체가 존재하려면 무엇보다도 물이 필요하다고 생각하기 때문이다.

3 산소원자는 전자를 끌어당기기 때문에 음(마이너스)전하가, 수소원자는 양(플러스)전하가 된다.

4 수소H가 산소O나 질소N와 결합해 OH나 NH가 될 때, 수소원자는 근방의 산소원자 등과 약하게(느슨하게) 결합하는 성질이 있다.

5 물 없이 살 수 있는 생물은 없지만, 건조해서 탈수 상태가 되어도 죽지 않는 생물로는 완보동물(곰벌레), 아프리카 깔따구 등이 알려져 있다.

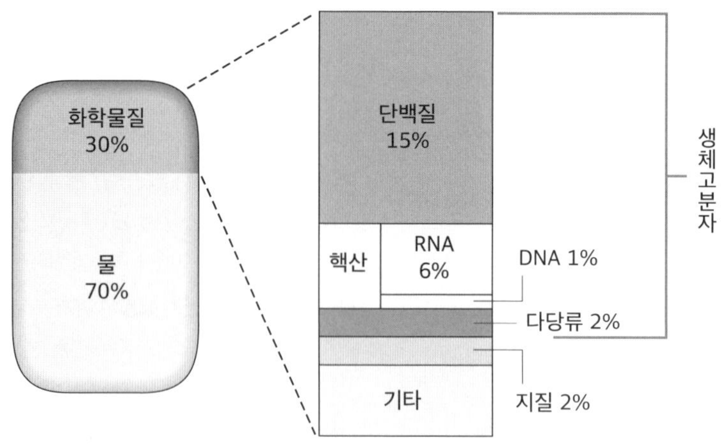

그림 1-5 박테리아의 세포 구성 성분

생명을 관장하는 분자는 탄소를 함유하며 사슬 모양이다

이제 물 다음으로 세포에 많은 물질을 살펴보자. 물 다음으로 많은 물질은 단백질이며, 핵산(DNA와 RNA)과 다당류가 그뒤를 잇는다. 이런 물질들은 전부 기본적으로 많은 분자가 모인 고분자로, 화학적으로는 다른 물질이지만 크게 보면 공통된 성질을 가진다. 바로 탄소원자C를 함유한 화합물이라는 점이다. 생물 속에 있는 탄소를 함유한 고분자를 넓은 의미에서 유기화합물(유기물)이라고 한다.[6] 탄소는 다른 원자와 안정된 결합[7]을 만드는 성질이 있으며 결합을 위한 '손'을 네 개나 가지고 있어서 생명이 필요로 하는 거대한 분자를 쉽게 만든다.

6 이산화탄소 CO_2는 탄소를 함유하고 있으며 세포 내에 존재하지만 유기물이 아니라 무기물이다. 과거에는 생명 특유의 물질은 생명만이 만들 수 있다고 생각했으며, 그 성질을 '유기Organic'라고 불렀다.

7 여기서 말하는 안정된 결합을 화학에서는 '공유결합'이라고 부른다. 한편 앞에서 설명한 수소결합이나 소수성 상호작용 등의 약한 결합은 '비공유결합'이라고 한다.

2대 중요 분자라고 할 수 있는 단백질과 DNA는 둘 다 부품이 되는 단위가 사슬 모양으로 다수 연결된 '끈'이라는 점 또한 중요하다**그림 1-6**. 단백질의 경우는 아미노산, DNA의 경우는 뉴클레오타이드Nucleotide라는 물질이 사슬 모양으로

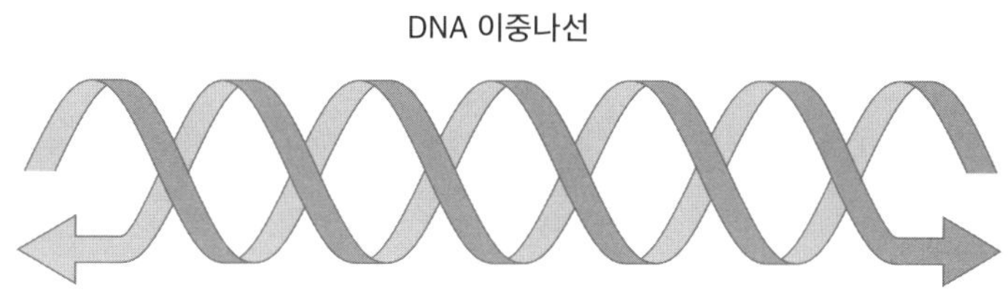

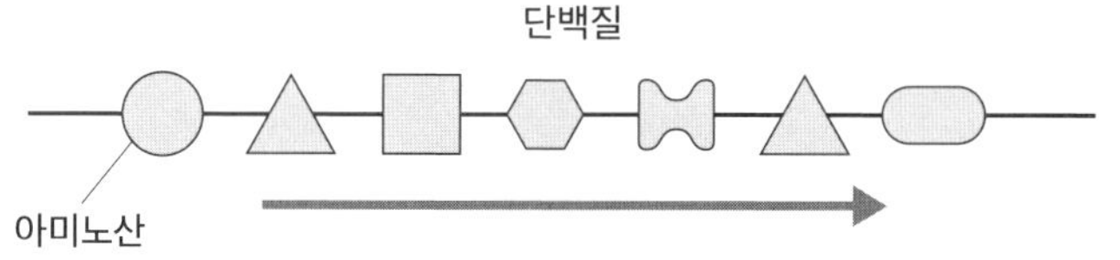

그림 1-6 뻗어나가는 방향이 있는 끈을 가진 DNA와 단백질

연결되어 있다는 사실은 생명을 이해하는 데 중요한 사항이다.[8]

8 DNA와 단백질 모두 끈으로 연결되는 방향이 양쪽이 아니라 한쪽으로만 뻗어나간다는 사실 또한 중요하다.

단백질
무엇이든 할 수 있는 만능분자

세포 내에 물 다음으로 많이 들어 있는 성분이 단백질이라고 했다. 단백질은 무엇이든 할 수 있는 만능의 분자로 거의 모든 생명 활동에 관여한다. 우리는 어떤 순간에 '살아 있음'을 실감할까? 호흡할 때, 걸을 때, 심장이 두근거릴 때, 먹은 음식을 소화할 때 등일 것이다. 단백질은 이 모든 활동을 담당한다. 생명의 정의 중 하나로 든 '대사(에너지를 만든다)'를 담당하는 것도 단백질이다. 하지만 특정 단백질분자가 하나부터 열까지 모든 일을 담당하는 것은 아니다. 세포에는 다양한 전문 분야에 특화된 수천수만 종류의 단백질이 있다.

그렇다면 단백질은 화학적으로 봤을 때 어떤 물질일까? 간단히 말하면 단백질은 아미노산이 여러 개 연결된 끈이다 **그림 1-6**. 아미노산의 종류는 20종이며, 박테리아부터 인간까지 모든 생물이 공통된 20종의 아미노산을 사용해 단백질을 만든다. 이 20종은 고정적이어서 세포에는 이 밖의 아미노산, 예를 들어 오니틴Ornithine이나 시트룰린Citrulline 등이 들어 있음에도 단백질에 이런 아미노산이 쓰이는 일은 절대 없다. 이것은 단백질의 설계도인 DNA가 지령하는 아미노산이 엄격하게 20종만으로 고정되어 있기 때문이다. 단백질에 관해서는 3장에서 다시 자세히 설명하겠다.

당
생명 활동에 필수적인 에너지 생산

세포 구성 성분 중에서 단백질 다음으로 많은 것은 DNA를 포함한 핵산이지만, 그전에 당을 먼저 설명하겠다. 핵산이 당을 함유하고 있기 때문이다.

당이라고 하면 설탕 같은 당분이 제일 먼저 떠오를 것이다. 지칠 때 우리는 단것이 먹고 싶어지는데, 이것은 당이 몸에서 생명 활동에 필수적인 에너지를 만들어내기 때문이다. 그렇다면 당은 어떤 물질일까? 당에는 여러 종류가 있지만 화학적으로는 모두 $(CH_2O)n$으로 표기한다. 이 화학식을 보면 탄소C와 물H_2O의 화합물이므로 '탄수화물'의 유래를 알 수 있다. 가장 단순한 당을 단당單糖이라고 부르는

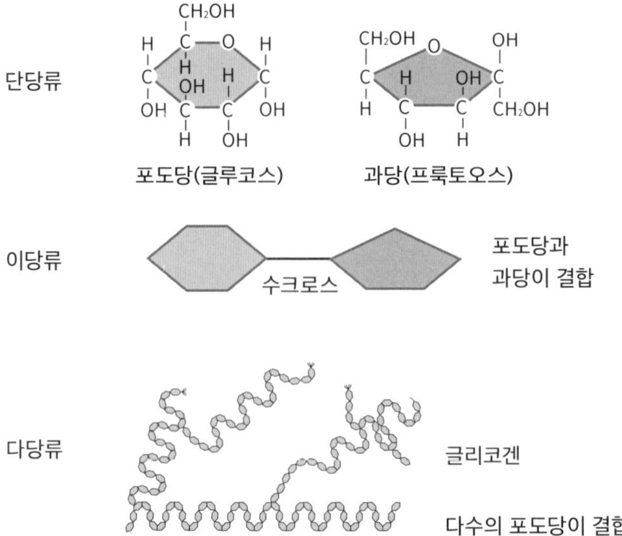

그림 1-7 당의 구조

데 일반적인 단당은 $(CH_2O)n$의 n이 6이나 5이고 포도당(글루코스)은 n=6인 육탄당六炭糖이며, DNA에 함유된 당인 데옥시리보스Deoxyribose는 n=5인 오탄당五炭糖이다 **그림 1-7**.

단당류가 두 개 이상 연결된 당을 올리고당이라고 한다. 우리에게 친숙한 설탕(수크로스)은 단당이 두 개인 이당류로, 단당인 포도당과 과당이 연결된 분자다. 다당류라고 부르는 당분자가 길게 이어진 물질은 우리에게 더욱 친숙하다. 포도당이 연결된 다당류로서 식물에서는 녹말, 동물에서는 글리코겐Glycogen이 만들어진다. 녹말과 글리코겐은 모두 에너지 저장물질로, 우리는 감자 등에서 녹말을 영양소로 섭취한다. 탄수화물을 영양분으로 섭취하는 데서도 알 수 있듯이 당은 세포의 중요한 에너지원이다. 당을 조금씩 분해해 생명 활동에 필요한 에너지를 얻는 것이 대사의 기본이다(4장 참고).

지구상 가장 다량으로 존재하는 다당류는 무엇일까? 바로 식물의 섬유에 있는 셀룰로오스Cellulose로, 이 또한 포도당이 연결된 다당류인데 연결된 방식이 녹말과 다르다. 셀룰로오스는 포도당의 사슬이 규칙적으로 나열되어 섬유 모양을 이루는데, 이는 식물세포벽의 주성분이 된다. 우리는 셀룰로오스를 먹어도 소화를 시키지 못하지만 옷을 만들어 입음으로써 그 혜택을 누리고 있다.

핵산
유전정보 전달 담당

핵산은 생체고분자 중에서 우리 일상생활과 가장 거리가 먼 물질일 것이다. 다른 주요 분자인 단백질과 탄수화물(당류), 지질은 3대 영양소이므로 평소에도 자주 언급이 되지만 핵산은 언급되지 않는다.

세포 속에서 핵산은 주로 정보를 담당하는 물질로서 존재한다. 여기서 정보란 유전정보를 의미하는데, 생명의 세 가지 정의 중 하나인 증식한다(유전한다)를 담당하는 것이 핵산이다. 핵산에는 데옥시리보핵산DNA, Deoxyribonucleic acid과 리보핵산RNA, Ribonucleic acid이 있다. 그렇다면 DNA와 RNA 같은 핵산은 어떤 존재일까? 핵산은 뉴클레오타이드라고 부르는 단위가 연결된 분자다. 뉴클레오타이드라는 낯선 용어가 나왔는데, 이것은 당의 일종인 오탄당[9]과 염기, 인산의 합성물이다그림 1-8.

9 DNA의 경우, 오탄당으로서 데옥시리보스가 사용된다.

염기는 질소원자N를 함유하는 고리 모양의 화합물로, DNA에서는 4종뿐이다. 즉 아데닌Adenine, 티민

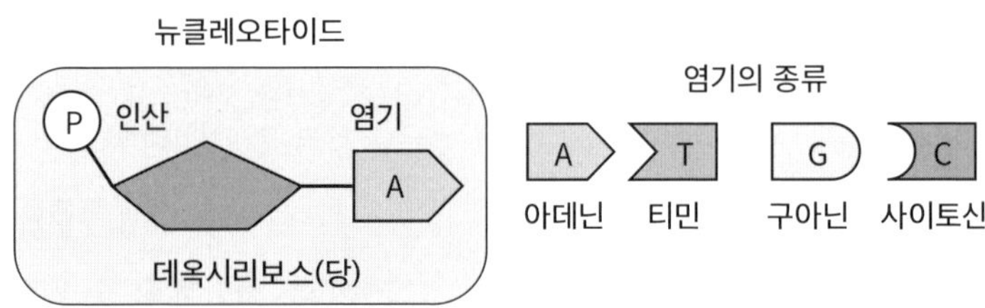

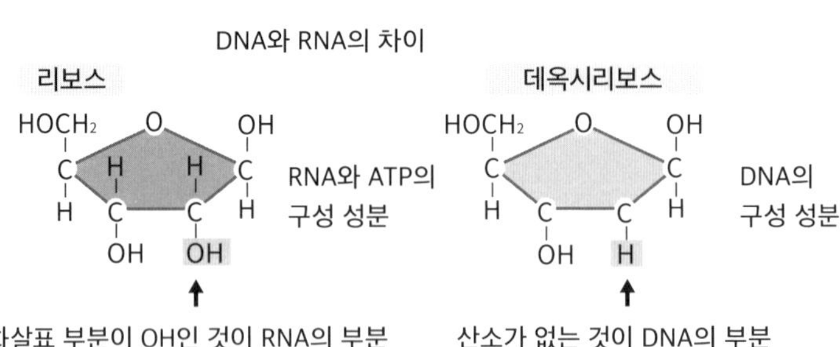

그림 1-8 DNA와 RNA의 구조

Thymine, 구아닌Guanine, 사이토신Cytosine인데 각각의 머리글자인 A, T, G, C는 앞으로도 계속 등장할 것이다.

RNA는 주로 DNA에 기록된 유전정보를 전사轉寫할 때 사용되는 분자다.[10] DNA와 RNA의 분자로서의 차이는 사용하는 당이 조금 다른 것 뿐이다. RNA에서는 리보스Ribose, DNA에서는 데옥시리보스를 사용한다. '데옥시deoxy'는 산소oxy가 떨어져나갔다de는 의미로, DNA에서는 리보스의 하이드록시기(수산기: OH 부분)가 하나 떨어져나간 당이 사용된다. DNA는 리보스에서 수산기가 떨어져나간 데옥시리보스를 사용함으로써 분자로서 매우 안정되어, 그 결과 유전정보를 전달하는 데 유리해진다.[11]

10 RNA는 단백질을 만드는 장치(리보솜)의 구성 성분으로서나 단백질을 만들 때 재료가 되는 아미노산을 운반하는 분자(tRNA)로서도 중요한 역할을 한다(5장 참고).

11 RNA로도 유전정보를 전달할 수는 있다. 실제로 DNA가 아니라 RNA를 유전정보로 사용하는 바이러스(RNA 바이러스)가 존재한다.

지질
세포를 형성하는 막을 구성

생명이 성립하려면 막으로 둘러싸여 외부로부터 격리된 공간을 만

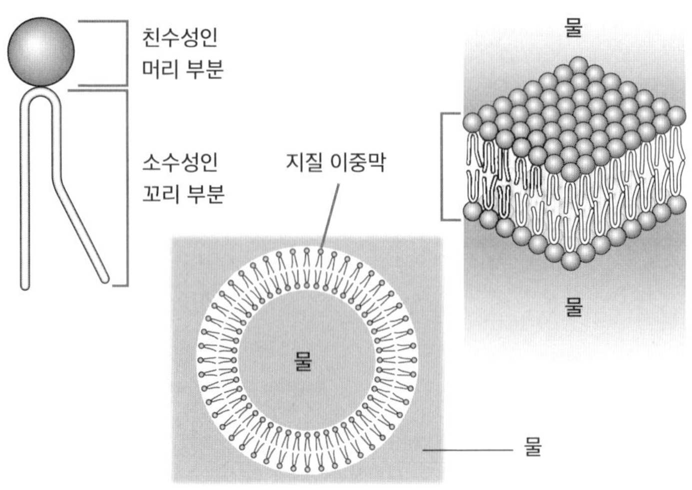

그림 1-9 지질 이중막의 구조

들어야 하는데, 이 막을 형성하는 것이 바로 지질이다. 지질의 '지脂'는 기름을 의미한다. 그러니까 기름이 물에 녹지 않는 성질을 이용해 세포를 형성하는 막(생체막)을 만드는 것이다.

지질은 지방산이 연결된 분자다. 지방산은 물에 녹지 않는 탄화수소 사슬의 끝에 카복시기(아세트산의 일부)가 결합한 분자로, 한 개의 분자 속에 물에 녹지 않는 소수적疏水的[12]인 부분과 물에 잘 녹는 친수적인 부분이 공존한다. 물속에 기름이 있으면 기름끼리 달라붙는 성질이 있다는 것은 샐러드 드레싱

12 소수성은 영어로 Hydrophobic이라고 한다. 'hydro'는 물, '-phobic'은 싫어한다는 의미이므로 말 그대로 물을 싫어하는 성질이라는 뜻이다.

등을 통해 경험해봤을 텐데, 지질에서도 같은 현상이 일어난다. 그림 1-9처럼 지질을 나뭇개비가 두 개 달린 성냥으로 가정하고 나뭇개비 부분을 소수적인 부분(기름), 성냥의 머리를 친수적인 부분이라고 생각하자. 물에 성냥을 뿌리면 성냥은 흩어지기보다 나뭇개비끼리 모이는 편이 안정적이다. 그래서 결과적으로 성냥 머리가 바깥쪽을 향하는 이중막이 형성된다. 이것이 바로 지질이 물속에서 외부 세계와 격리되는 막을 만드는 원리다. 이를 생체가 만드는 이중의 지질막이라고 해서 생체 이중막이라고 부른다.

이온과 비타민
세포에 들어 있는 그 밖의 물질

지금까지 살펴본 생명을 지탱하는 물질을 원소라는 관점에서 바라보면 어떻게 될까? 불과 여섯 가지 원소가 생물의 무게 가운데 95퍼센트를 차지한다는 사실을 발견할 수 있다. 이는 거의 모든 생물이 마찬가지다. 그 여섯 가지 원소는 많은 순서대로 나열하면 산소O, 탄소C, 수소H, 질소N, 인P, 황S으로[13] 지금까지 설명한 물, 단백질, 당, 핵산의 구성 성분이다.[14]

다만 실제로는 그 밖에도 마그네슘Mg, 칼슘Ca, 아연Zn 등 많은 무기물이 특히 이온으로서 필요한데 이것들은 주로 단백질의 기능 조절 등에 사용된다.

또한 생체고분자 이외에도 저분자 유기화합물인 비타민이 필요한 경우가 있다. 비타민은 특히 단백질이 기능할 때 중요한데, 반드시 필요하지만 인간이 만들어내지 못하는 비타민에는 여러 종류가 있다. 하지만 이 책에서 지향하는 생명 본질의 이해라는 주제에서 보자면 비타민은 필수가 아니므로 여기서는 생략하도록 하겠다.

13 지구 전체로 봤을 때는 지각에 많이 함유되어 있는 규소Si, 알루미늄Al, 철Fe이 다량으로 존재하지만, 생물에게는 극히 소량만이 들어 있을 뿐이다.

14 황은 아미노산인 시스틴과 메싸이오닌에 들어 있다.

칼럼 1

생명과학을 개척한 물리학자와 화학자

여기서 다루는 생명과학은 멘델의 법칙 같은 것을 설명하는 고전적인 '생물학'과 상당히 다르다. DNA 이중나선 구조를 비롯해 분자를 주역으로 생각한다는 점에서는 화학을 바탕으로 삼고 있다고 해도 무방하다. 이와 같은 생명관이 탄생한 배경에는 위대한 물리학자와 화학자가 존재한다.

이 책에서도 종종 등장하는 DNA 이중나선 구조는 1953년에 최초로 '보고'되었는데, 그 발견의 주인공은 왓슨과 크릭이다. 원래 물리학자였던 크릭이 생명의 신비 중 하나인 유전의 원리를 분자의 차원에서 해결해보자고 생각하게 된 계기는 슈뢰딩거Erwin Schrödinger, 1887~1961가 1944년에 쓴 《생명이란 무엇인가?》를 읽은 후였다고 한다. 슈뢰딩거는 양자역학을 20세기 전반에 완성시킨 사람 중 한 명이며 파동방정식과 양자론에 관한 사고실험인 '슈뢰딩거의 고양이'로 유명한 물리학자다. 슈뢰딩거는 양자역학을 연구한 뒤, 물리학자의 관점에서 생명을 깊게 고찰해 명저 《생명이란 무엇인가?》를 써서 많은 물리학자를 생명과학의 길로 이끌었다.

예를 들어 이론물리학자에서 생명과학자로 전향한 델브뤼크Max Delbrück, 1906~1981는 박테리오파지(박테리아에 감염되는 바이러스) 연구를 통해 분자생물학의 여명기에 커다란 발자취를 남겼다. 그리고 왓슨은 델브뤼크를 만난 것을 계기로 DNA 연구에 매진한다.

왓슨과 크릭이 이중나선 구조를 발견한 경위는 왓슨이 쓴 《이중나선》에 자세히 적혀 있다. 이 책을 읽으면 이중나선 구조를 밝혀내기까지 치열한 경쟁이 펼쳐졌음을 알 수 있다. 라이벌은 당시 화학 분야에서 이름을 떨치고 있던 폴링Linus Pauling, 1901~1994이었다. 폴링은 DNA의 구조가 나선임을 왓슨과 크릭보다 먼저 발표했지만, '삼중' 나선이라는 잘못된 결론을 내리는 바람에 왓슨과 크릭에게 승기가 넘어왔다.

하지만 폴링은 양자론을 화학에 적용해 화학결합론을 완성시킨 공적으로 노벨 화학상(1954년)을 받았으며, 또한 핵실험 반대운동의 공적을 인정받아 노벨 평화상(1962년)까지 수상했다. 만약 이중나선 구조까지 먼저 발표했다면 노벨상 3회 수상이라는 위업을 달성했을 것이다. 여담이지만 폴링은 단백질의 2차 구조(3장 참고) 중 하나인 알파나선 구조를 발견한 사람이기도 하다.

이런 예가 보여주듯이, 현대 생명과학의 여명기에는 물리학자와 화학자가 커다란 공헌을 했다.

칼럼 2

생화학·분자생물학·세포생물학의 정의

생명을 이해하기 위한 연구 분야는 다양하다. 여기서는 '생명과학'이라는 넓은 의미의 이름을 채택했지만, 실제 내용은 생화학과 분자생물학, 세포생물학 분야에 집중되어 있다. 이 세 분야에 대한 정의는 명확하지 않고 또 서로 상당 부분이 겹치지만, 나름대로 정의를 내려보겠다.

생화학 생명을 화학의 관점에서 연구하는 분야다. 생물이나 세포를 살아 있는 상태로 조사하는 것이 아니라 세포를 갈아서 얻은 추출액을 사용하는 시험관 내 실험이 생화학의 기본이다. 역사적으로는 19세기 말 부흐너Eduard Buchner, 1860~1917가 효모 추출액에 자당을 넣으면 알코올발효(4장 참고)가 일어난다는 사실을 발견한 것이 생화학의 시초로 알려져 있다. 살아 있지 않은 상태에서도 발효라는 생물과 같은 현상을 재현할 수 있음을 발견함으로써 생명 현상에는 통상적인 화학이나 물리로만은 설명할 수 없는 '생명' 특유의 무엇인가가 있는 것이 아니냐는 생기론生氣論을 몰아내게 되었다. 이 책에서는 3장에서 다루는 단백질과 4장에서 다루는 대사가 생화학에 속한다.

분자생물학 여기서는 '분자'로 '생물'을 이해하려 하므로 전부 분자생물학의 범주에 들어갈 것 같지만, 실제로는 그렇지 않다. 유전자나 유전 방식을 분자의 층위에서 설명한 것이 분자생물학의 발단이다. 역사를 거슬러 올라가면 1940년대 무렵에 활발했던 대장균에 감염되는 바이러스(파지)를 이용한 세균유전학을 시초로, 그후 이어진 왓슨과 크릭의 이중나선 구조 발견, 나아가 센트럴 도그마(분자생물학의 중심 원리)의 확립이 그 조류라고 볼 수 있다. 이 흐름은 유전자조작 기술이나 유전체 연구로 이어졌다. 5장에서 소개하는 DNA와 유전체가 분자생물학적인 내용이다(이에 흥미가 있는 독자는 저드슨Horace Judson, 1931~2011의 《창조의 제8일The Eighth Day of Creation》에 자세한 설명이 나오니 이를 읽어보기 바란다).

세포생물학 현미경 등으로 세포를 관찰하면서 시작된 분야다. 훅Robert Hooke, 1635~1703이 현미경으로 세포를 발견한 17세기 말까지 거슬러 올라갈 수 있으며, 그후 다양한 세포 내 소기관(오르가넬라, 2장 참고)을 비롯한 세포 내 구조의 상세한 연구와 세포 내에서 단백질을 전송하는 원리 등을 연구하는 흐름으로 이어졌다. 현재는 생화학, 분자생물학 등과 융합한 분야가 되었다.

2장

세포 속 여행

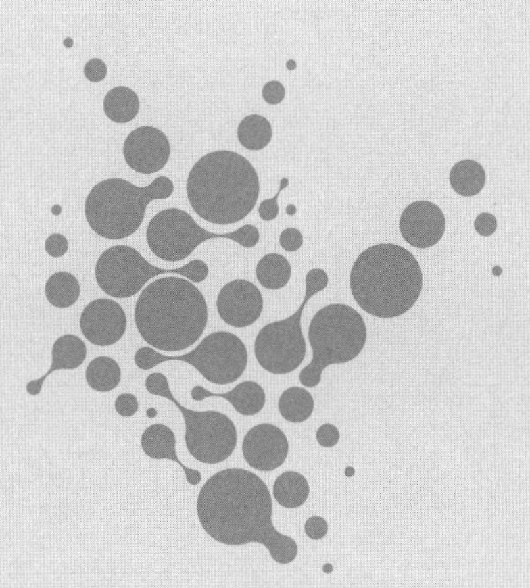

세포는 생명 활동의 현장이다.

마이크로미터의 세계에 속할 정도로 크기가 작은 세포 안에는 물과 더불어 단백질과 DNA분자를 비롯한 수많은 생체고분자가 섞여 질척하고 걸쭉한 스프와 같은 상태다.

세포 안에서 단백질을 비롯한 분자들이 브라운운동이라고 불리는 불규칙한 확산운동으로 끊임없이 꿈틀대며 다른 분자와 충돌, 결합, 분해 등을 함으로써 생명이 영위된다.

세포의 신체검사

1장에서는 생명을 관장하는 분자에 관해 간략하게 살펴봤다. 이 장에서는 생명 활동의 현장인 세포 내부가 어떻게 되어 있는지 들여다볼 것이다. 세포도 여러 가지인데, 먼저 박테리아 세포의 모델로 연구가 진행 중인 대장균 세포를 예로 소개하겠다. 세포는 현미경으로 관찰하지 않으면 보이지 않을 만큼 작은 존재인데, 얼마나 작은지 실감할 수 있도록 대장균을 대상으로 '신체검사'를 해보자.

먼저 키다. 대장균은 그림 2-1에서 보듯 길쭉한 막대 모양의 박테리아(간균桿菌이라고 한다)로, 일반적으로 지름이 약 0.5마이크로미터에 길이가 2~4마이크로미터다. 대장균 세포 하나하나는 육안으로 볼 수 없을 만큼 작은데, 머리카락의 지름이 대략 100마이크로미터 정도라고 하면 조금은 그 크기가 실감이 될지 모르겠다.

대장균의 몸무게는 1피코그램(pg, 1피코그램=10^{-12}그램=1조 분의 1그램) 정도며, 부피(용적)는 1펨토리터(fL, 1펨토리터=10^{-15}리터=1천조 분의 1리터)다. 몸무게와 부피 모두 너무 작아서 실감이 안 될 것이다.

이제 세포의 크기는 알았다. 세포 안에는 단백질분자와 DNA분자가 얼마나 들어 있을까? 대충 계산하면 대장균 세포 하나에 들어 있는 단백질은 250만 개 정도다. 단백질도 한 종류만이 아니다. 대장균에는 4,000종 정도의 단백질이 있는데, 각 단백질의 수는 몇 개에서 수만 개에 이르기까지 편차가 있다. 한편 DNA는 기본적으로 한 종류뿐이며, 분자의 개수로도 두 개뿐이다. DNA와 닮은 또 하나의 핵산인 RNA는 비교적 많아서 30만 개 정도가 있다.

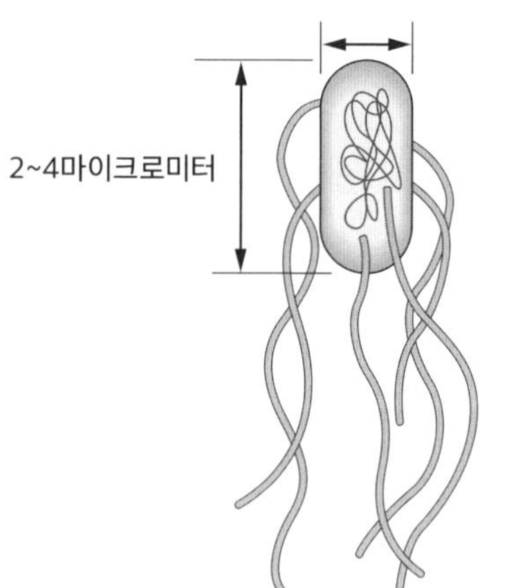

무게: 약 1피코그램
부피: 약 1펨토리터
단백질 종류: 약 4,000종
단백질 수: 약 250만 개
DNA 종류: 1종
RNA 수: 약 30만 개

그림 2-1 대장균 세포의 신체검사

세포 안에는 분자가 북적댄다

수백만 개나 되는 단백질과 RNA가 들어 있는 세포의 내부는 어떤 상태일까? 단백질, DNA, RNA 등 수많은 생체고분자에는 육안으로 확인할 수 있는 색이 칠해져 있지 않기 때문에 그대로는 볼 수가 없다. 그대신 세포 안에 들어 있는 생체분자의 수를 고려해 비교적 현실적으로 그린 그림 2-2 대장균 세포 내부 일러스트를 보자.[1] 언뜻 봐도 상당히 복잡하다. 세포에서 물 이외의 성분은 중량으로 따졌을 때 약 30퍼센트 정도라고 추정되므로 세포 안은 질척하고 걸쭉한 스프 같은 상태라고 표현할 수 있다. 또한 일러스트에는 나타나 있지 않지만 실제 세포 내의 분자는 항상 흔들리면서 움직인다[2](브라운운동[3]이라고 부르는 불규칙한 확산운동이 기본이다). 이와 같이 세포 안에서 단백질을 비롯한 분자가 끊임없이 꿈틀

1 이 일러스트를 그린 사람은 미국 스크립스 연구소의 굿셀David Goodsell 박사로, 일러스트 속 단백질의 모양은 실제 입체구조를 바탕으로 치밀하게 묘사한 것이다. 굿셀 박사의 웹사이트(http://mgl.scripps.edu/people/goodsell)에서는 그 밖에도 여러 아름다운 세포 내 모습과 단백질에 관한 일러스트를 볼 수 있다.

2 엘콕Adrian Elcock이 만든 시뮬레이션 동영상(http://www.cellimagelibrary.org/images/28235)이 있다.

3 브라운운동은 분자가 그 분자 주변에서 열운동을 하는 다른 분자(수용액 속에서는 물분자)와 충돌함으로써 일어나는 불규칙한 운동이다.

대며 다른 분자와 충돌, 결합, 분해 등을 함으로써 생명이 영위된다.

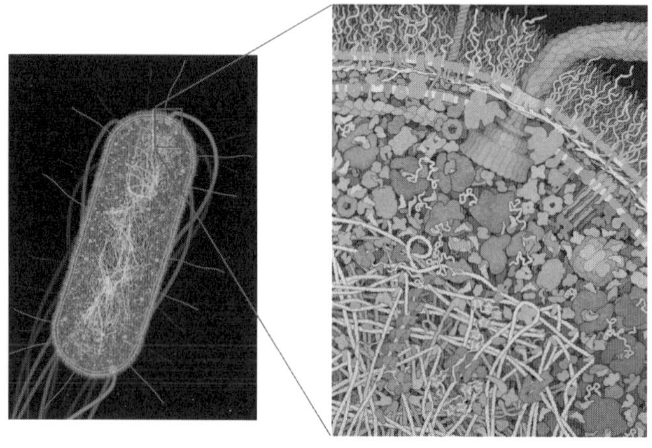

그림 2-2 굿셀 박사가 그린 대장균 세포 내부 일러스트(2009년)

세상에서 가장 작은 생명 미코플라스마

대장균의 세포도 충분히 작지만, 세상에서 가장 작은 세포는 무엇일까? 널리 알려진 것은 폐렴을 일으키곤 하는 미코플라스마Mycoplasma라는 박테리아다. 미코플라스마는 공 모양의 세포로 지름이 0.2마이크로미터밖에 되지 않는다. 미코플라스마의 전체 모습을 그린 그림

2-3을 보면 역시 내부가 분자로 가득 차 있음을 알 수 있다. 앞서 대장균에는 4,000종 정도의 단백질이 있다고 했는데, 미코플라스마 안에는 단백질이 500종 정도밖에 없다. 그래서 미코플라스마가 가장 작은 세포(생명)로 알려져 있다.

500종 정도의 단백질로 생명이 성립한다는 말을 들으면 어떤 생각이 드는가? 생명이란 생각보다 단순하다고 느끼는 사람도 있을지 모른다. 실제로 '미코플라스마 정도라면 세포를 인공적으로 창조할 수 있지 않을까?'라고 생각하는 연구자도 등장하고 있다(7장 참고).

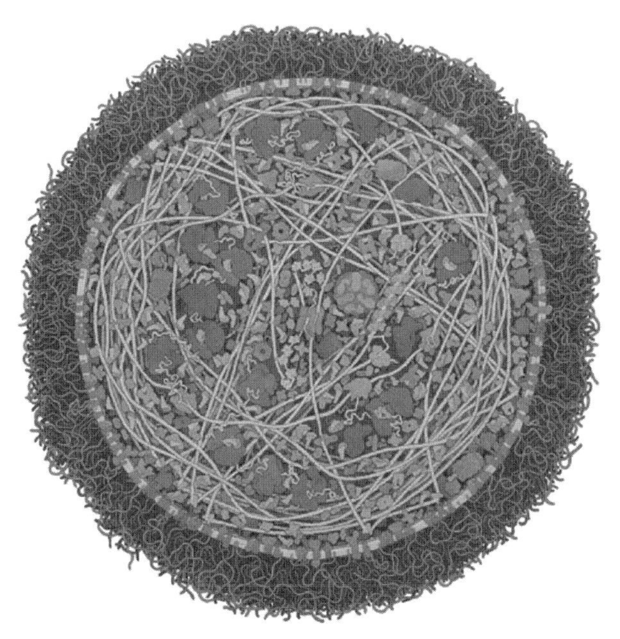

그림 2-3 굿셀 박사가 그린 미코플라스마 세포 일러스트(2011년)

바이러스는
가장 작은 세포가 아니다?

'바이러스가 가장 작은 생명 아닌가?'라고 생각하는 독자도 있을 것이다. 바이러스는 분명히 매우 작은 존재다. 예를 들어 악명 높은 인플루엔자바이러스는 지름이 0.1마이크로미터고, 노로바이러스는 지름이 0.04마이크로미터이므로 박테리아에 비해 한 자릿수 이상 작다. 또 바이러스 내부에는 유전정보로서 DNA(혹은 RNA)가 들어 있으며 여러분도 알다시피 계속 증식한다. 증식한다는 성질은 생명의 정의 중 하나이므로 바이러스를 작은 세포로 생각하는 것도 이상한 일은 아니다.

실제로 바이러스를 '생명'으로 볼 것이냐 보지 않을 것이냐는 생명의 정의에 따라 다르지만, 이 책에서 내린 정의에 따르면 바이러스는 세포라고 할 수 없기 때문에 생명으로 보지 않는다. 그렇다면 바이러스는 왜 생명이 아닐까? 바이러스는 스스로 증식하지 못하고 반드시 감염시킨 다른 생물(세포)의 도움을 빌려 증식하기 때문이다. 말하자면 자기 증식을 하지 못한다. 또 바이러스의 내부에서는 대사가 일어나지 않아 DNA(혹은 RNA)를 수납하는 단순한 용기에 불과하다. 게다가 바이러스의 바깥쪽은 지질의 이중막이 아니며 단백질만으로 껍질을 형성해 DNA를 가두고 있는 것도 세포와 다른 점이다.

또한 바이러스는 박테리아가 아니므로 박테리아에 효과가 있는 항생물질이 듣지 않는다. 인플루엔자바이러스에 효과가 있는 타미플루Tamiflu 등의 항바이러스제는 항생물질과는 다른 메커니즘으로 효과를 발휘한다(6장 참고).

세포는 원핵세포와 진핵세포로 분류된다

최초의 생명이 박테리아라는 형태로 지구상에 출현하고 수십억 년이 지난 뒤에 진화를 통해 좀더 복잡한 세포가 탄생했을 것으로 추정된다. 대장균이나 미코플라스마 같은 박테리아는 세포 내부가 기본적으로 균일하며 유전형질 DNA가 특별한 영역에 둘러싸여 있지 않기 때문에 원핵세포原核細胞라고**그림 2-4** 부른다.[4] 한편 인간을 포함한 복잡한 생명은 세포 안에 DNA를 수납하는 '핵'이라는 특별한 구역을 명확히 가지고 있기 때문에 진핵세포眞核細胞 혹은 진핵생물이라고 부른다. 진화의 관점으로는 원핵세포에서 진핵세포로 진화한 것으로 본다.

4 다만 DNA가 존재하는 영역을 핵양체核樣體, Nucleoid라고 부르며 구별하기도 한다.

또한 생물을 단세포생물과 다세포생물로 나누는 경우도 있는데, 원

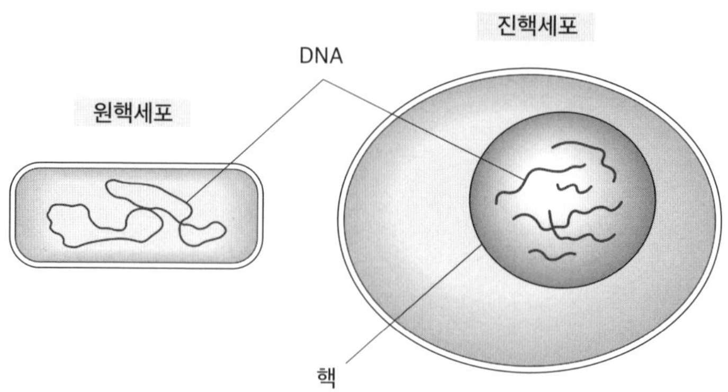

그림 2-4 원핵세포와 진핵세포

핵세포뿐만 아니라 진핵세포를 가진 단세포생물도 다수 존재한다. 예를 들어 빵이나 맥주를 만들 때 넣는 효모는 단세포생물이지만 핵을 가진 진핵세포다.

원핵세포는 진정세균과 고세균으로 분류된다

원핵세포는 통상적으로 '박테리아(세균)'라고 보아도 무방한데, 박테리아는 진정세균眞正細菌과 고세균古細菌 두 종류로 크게 나뉜다. 그리고

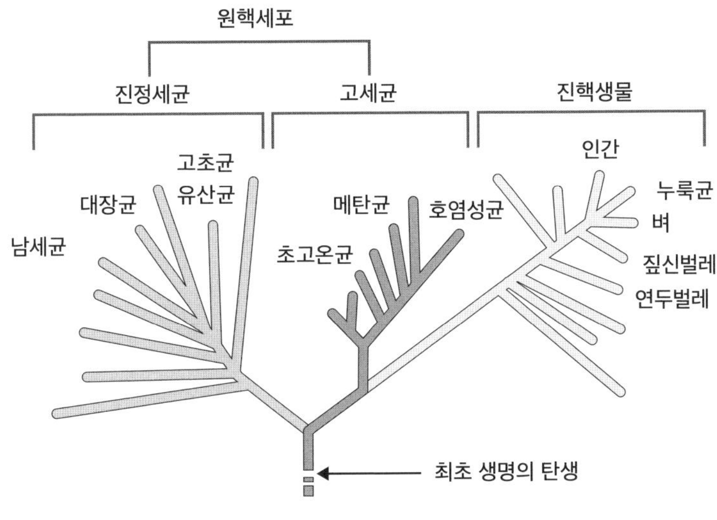

그림 2-5 진정세균 · 고세균 · 진핵생물의 계통나무

이 두 가지에 진핵세포를 추가한 세 가지가 생명 분류의 최상위에 위치하는 '계界, Kingdom'가 된다 **그림 2-5**. 우리에게 친숙한 박테리아는 진정세균으로 대장균과 유산균, 고초균(납두균), 미코플라스마 등이 이에 속한다. 고세균은 핵이 없다는 점에서는 원핵세포의 일종이지만, 진화적으로는 진정세균과 진핵세포의 중간에 위치하는 박테리아다.

고세균이라는 말은 낯설지도 모르는데 이는 높은 염도의 소금 호수, 강산성이나 고온의 온천 등 우리의 감각으로는 특수한 환경에서 생식하는 경우가 많은 괴짜 바이러스균이다. 그런데 사실 아주 가까운 곳에도 고세균이 있다. 바로 인간의 장이다. 인간의 장 속에는 메탄을 발

생시키는 고세균(메탄균)이 많이 살고 있다.[5]

5 메탄균이 발생시키는 메탄가스는 방귀의 성분 중 하나다.

진핵세포의 크기가 커지면 어떻게 될까?

많은 원핵세포는 크기가 0.5~5마이크로미터 정도다. 그렇다면 좀더 복잡하게 진화한 진핵세포는 어떨까? 진화해서 복잡해질수록 제한 없이 커지는가 하지만 그렇지 않다. 모든 진핵세포는 5~100마이크로미터 범위 안에 포함된다. 세포가 제한 없이 커지지 않는 이유는 지나치게 커지면 생명 활동에 여러 지장이 발생하기 때문이다.

좀더 자세히 알아보자. 크기가 커질수록 부피(용적)에 대한 겉넓이의 비율이 작아진다 **그림 2-6**. 무슨 말인지 잘 이해가 되지 않을지 모르니 세포를 구球로 가정하고 간단히 계산해보자. 구의 겉넓이는 반지름의 제곱, 부피는 반지름의 세제곱에 비례하므로 반지름이 10배 커지면 겉넓이는 10^2=100배, 부피는 10^3=1,000배 늘어난다. 겉넓이/부피=1/10이 되는 것이다. 마찬가지로 이번에는 반지름이 100배가 되면 겉넓이/부피=1/100이 된다. 세포는 물론 내부가 중요하지만 주위로부터 고립되어서는 살 수가 없다. 영양이나 노폐물의 출입을 비롯해 주위로부터 정보를 주고받는 것도 매우 중요하다. 그러므로 세포 표면이 부피에 비해 작아지면 살아가는 데 크게 불리해진다.

또 한 가지는 앞서 이야기한 '세포 내 분자는 브라운운동을 하며 불규칙하게 흔들린다'는 사실과 관계가 있다. 브라운운동은 이동 거리의 제곱과 시간이 비례관계이므로, 예를 들어 10배 먼 곳에 분자가 도달(확산)하려면 100배의 시간이 걸린다는 계산이 나온다. 이는 목표 지점까지 직선으로 걸으면 금방 도착할 곳을 취해서 갈지자로 걸으면 한참 걸리는 것과 비슷하다. 구체적으로는 지름이 10마이크로미터인

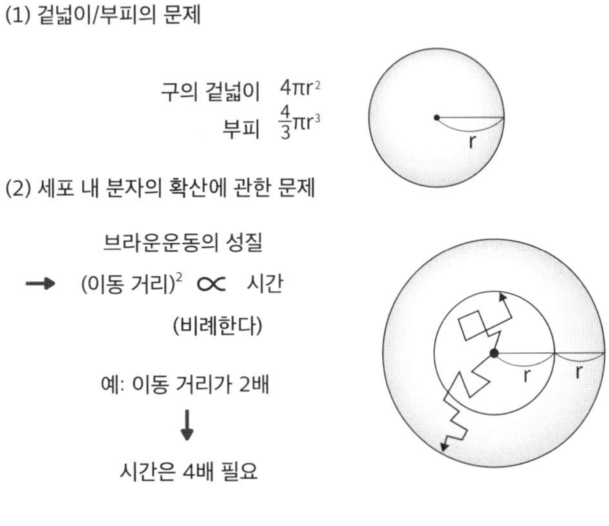

그림 2-6 세포의 크기에 제한이 있는 이유

세포의 이쪽 끝에서 저쪽 끝까지 브라운운동으로 움직이는 데 1초가 걸리는 단백질의 경우, 이 세포의 지름이 100배인 1밀리미터로 거대해지면 이쪽 끝에서 저쪽 끝까지 가는 데 1만 초, 즉 3시간에 가까운 시간이 걸리게 된다. 대부분의 화학반응은 기본적으로 반응하는 분자와 분자가 브라운운동을 하면서 충돌해 일어나므로 세포가 커지면 분자끼리 만나는 빈도가 극단적으로 줄어들어 반응 효율이 나빠진다. 또한 세포가 거대해지면 분자의 불규칙한 움직임에만 의존해 어떤 분자를 원하는 장소로 이동시키기도 매우 어려워진다.[6]

이런 이유에서 진핵세포는 DNA를 핵에 가둘 뿐만 아니라 다음에서 설명하듯이, 세포 내에 작은 방(세포 내 소기관, 즉 오르가넬라)을 준비해 좀더 고차원적이고 복잡한 현상을 그 안에서 전문적으로 실행하는 시스템을 구축했다.

6 진핵세포의 경우는 브라운운동 같은 불규칙한 움직임이 아니라 전철이 철로를 따라 달리는 원리로 분자를 움직이기도 한다. 철로는 액틴이라는 섬유가 되는 단백질이며 전철의 모터 부분은 미오신이라고 부르는 단백질인데, ATP라는 에너지를 사용해 움직인다. 근육이 수축하는 것도 액틴과 미오신 덕분이다.

오르가넬라
진핵세포 속 작은 방

원핵세포의 내부는 세포질(사이토졸)이라고 부르는 부분에 생체분자가 뒤섞여서 걸쭉하게 녹은 상태로 생명 활동을 유지한다. 중요한 DNA도 특별한 장소에 수납되어 있는 것이 아니라 세포질 밖의 분자와 함께 존재한다.

한편 진핵세포는 일부 생명 현상을 세포질 외에 여러 개의 오르가넬라에서 담당하도록 진화했다 **그림 2-7**. 오르가넬라는 총칭이며 세포 내 소기관은 핵, 소포체Endoplasmic reticulum, 골지체Golgi apparatus, 리소좀Lysosome, 미소체Peroxysome, 미토콘드리아Mitochondria 등이 대표적이다. 식물세포의 경우 엽록체나 액포 등도 포함된다.

오르가넬라는 진핵세포 안에서 각각 특별한 기능을 전문적으로 실행하기 위해 막으로 격리되어 있다. 막으로 둘러싸여 있다는 점에서 오르가넬라는 세포 속의 '세포'라고 볼 수 있다.

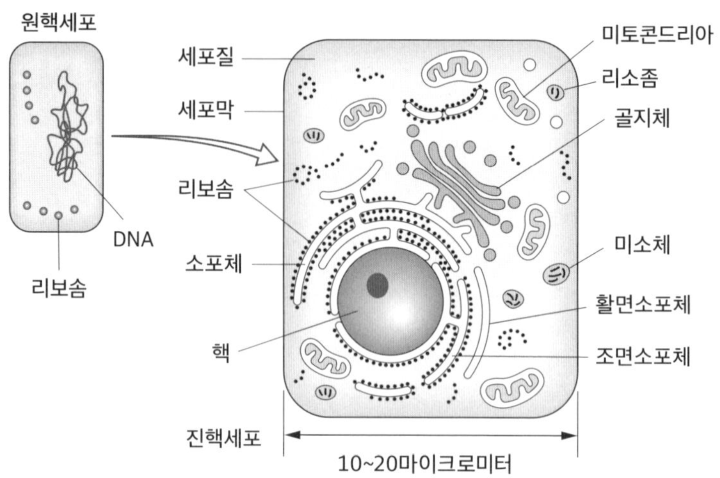

그림 2-7 원핵세포와 진핵세포(동물세포)의 비교

진핵세포의 기원은 세포 내 공생설

오르가넬라가 '세포 속의 세포'라는 것은 단순한 비유가 아니다. 생물이 진화하는 과정에서 어떤 원핵세포가 훗날 오르가넬라가 되는 원핵세포를 삼키고 그대로 공생한 것이 오르가넬라를 지닌 진핵세포의 기원으로 받아들여지기 때문이다. 그 대표적인 예가 미토콘

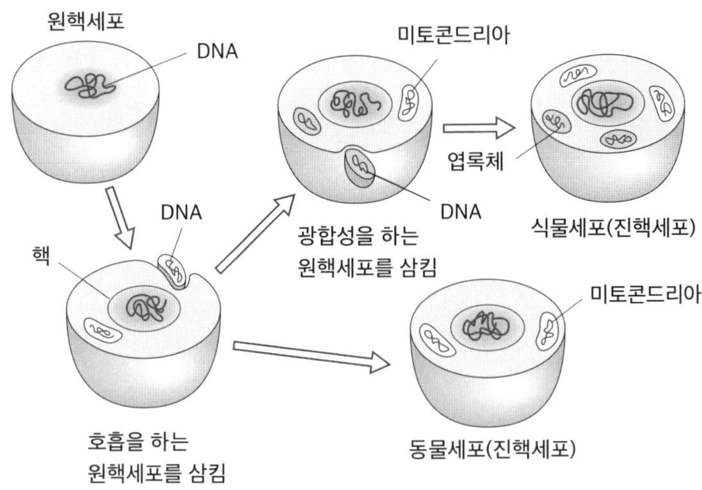

그림 2-8 미토콘드리아와 엽록체의 세포 내 공생

드리아다**그림 2-8**. 미토콘드리아는 산소를 이용해서 에너지를 효율적으로 만들 수 있는 진정세균을 숙주인 원핵세포가 삼킨 것이 그 기원으로 여겨진다. 미토콘드리아로서는 세포 안에 살면서 영양분을 얻을 수 있다는 이점이 있고, 숙주세포로서는 미토콘드리아가 부지런히 에너지를 공급해준다는 이점이 있으므로 미토콘드리아와 숙주세포 사이에 공생관계가 성립한다. 그래서 이 설을 세포 내 공생설이라 부른다.

세포 내 공생이 기원으로 생각되는 또 하나의 오르가넬라는 식물세포 속에 있는 엽록체다. 엽록체는 광합성을 하는 진정세균인 남세균이 세포 안에 들어간 것이 기원으로 보인다. 이 역시 엽록체가 태양에너지를 바탕으로 영양분을 만들어주므로 숙주인 식물세포에는 큰 이점이 된다.

미토콘드리아와 엽록체에는 각각 독자적인 DNA가 존재하며 핵 속의 DNA와는 독립적으로 증식한다는 사실도 세포 내 공생설을 뒷받침해준다.

핵은 DNA의 수납고

주요 오르가넬라를 살펴보기에 앞서 진핵세포를 정의하면서 언급했던 핵부터 설명하겠다. 일반적으로 진핵세포 중에서도 가장 큰 공 모양의 구조체가 핵이다. 핵은 DNA를 수납하는 동시에 DNA 복제나 DNA 유전정보의 사본을 뜨는 '전사' 작업을 위한 장소다(5장 참고).

유전정보가 기록되어 있는 DNA는 매우 길고 큰 실 모양의 분자다. 인간의 경우 DNA를 죽 펴면 약 2미터나 되는데, 고작 10마이크로미터밖에 되지 않는 핵 속에 담기기 위해 DNA는 히스톤Histone이라는 단백질과 결합해 복합체(크로마틴) 상태로 잘 접혀 있다**그림 2-9**.

세포가 분열하기 전에 크로마틴 DNA는 염색체라고 불리는 막대 모양의 구조로 응축되어 두 개의 세포에 배분된다. 염색체라는 이름은

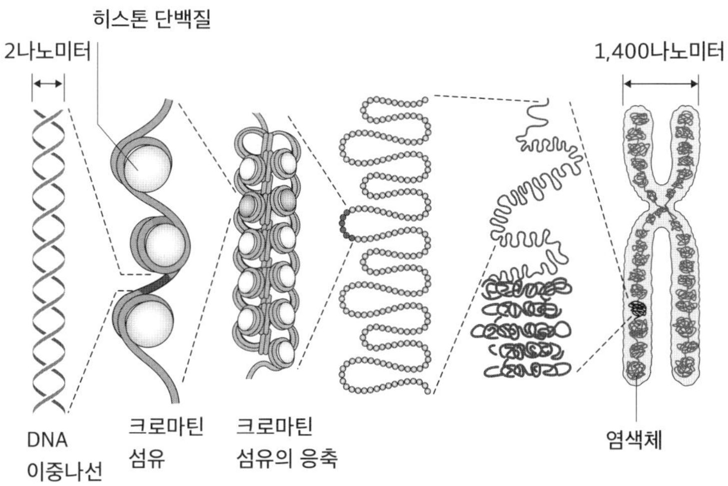

그림 2-9 핵 속에 DNA를 수납하는 방법

현미경으로 관찰했을 때 카민(아세트산카민으로 사용) 등 알칼리성 색소가 산성인 DNA와 결합해 염색된 데서 유래했다(영어로 염색체는 크로모솜Chromosome, 염색사는 크로마틴Chromatin이다. 두 용어 모두에 들어 있는 'Chrom-'은 그리스어로 '색'을 뜻한다).

핵은 핵막이라고 부르는 막에 둘러싸여 있는데, 현미경으로 보면 확연히 알 수 있을 정도의 구멍(핵공Nuclear pore)이 뚫려 있는 것이 특징이다. 이온 등의 저분자나 작은 단백질은 이 핵공을 그냥 통과할 수 있지만 어느 정도 큰 단백질은 자유롭게 통과하지 못한다.

소포체와 골지체는 분비된 단백질이 지나가는 길

다음은 소포체와 골지체다. 소포체와 골지체는 핵, 미토콘드리아, 엽록체에 비하면 그다지 돋보이지 않을지도 모르지만 세포 밖으로 분비되는 단백질이나 세포막에 들어가는 단백질은 소포체 속에서 합성된 뒤 골지체를 경유해 완성된다.

소포체는 핵 주위에 그물코 모양[7]으로 존재하는 오르가넬라로, 대부분은 바깥쪽에 알갱이 같은 것이 붙어 있어 '거친 조직'이라는 의미에서 조면소포체라고 불린다**그림 2-10**. 소포체는 주로 세포 밖으로 분비되는 단백질을 생산하는 작업장의 기능을 한다. '작업장'이라고 쓴 이유는 실제 단백질 생산은 리보솜Ribosome이라는 단백질과 RNA의 복합체(5장 참고)가 담당해서다. 리보솜은 세포질에서 단백질을 합성하는 복합체인데, 조면소포체 바깥쪽에 보이는 알갱이가 바로 리보솜이다. 외부에서 소포체와 결합한 리보솜이 단백질을 소포체 내부로 보내면서 합성한다.

7 소포체小胞體라고 하면 그 이름 때문에 작은 공 모양의 구조체를 떠올리게 되지만, 세포 안에서는 그물 모양으로 연결된 구조체다. 실제로 소포체의 영어 표기인 ER, endoplasmic reticulum은 '세포질 내부의 그물 모양 조직'이라는 의미다. 세포를 갈아서 오르가넬라를 분리했을 때 소포체 부분을 마이크로솜Microsome이라고 부르는데, 이것을 번역하는 과정에서 소포체라고부르게 된 것으로 추정된다.

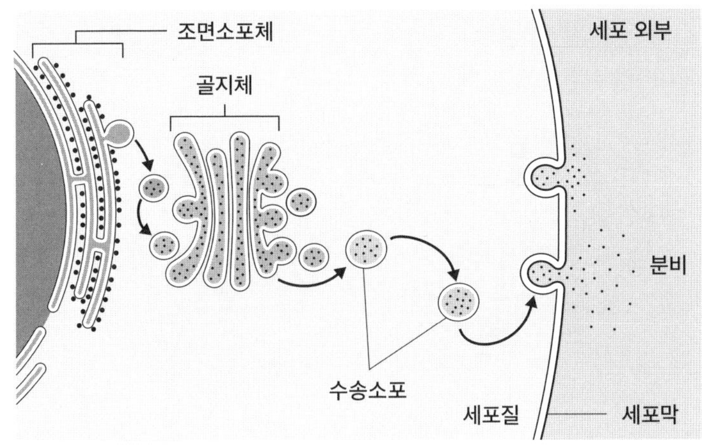

그림 2-10 단백질의 일부는 소포체에서 골지체를 통해 분비되며
소포체에서 만들어진 단백질은 화살표 방향으로 골지체를 통해 세포 외부로 분비된다

단백질은 소포체 속에서 입체구조를 획득하고 당과 결합한 다음 대부분이 골지체로 운송된다. 그런 다음 골지체를 경유해 세포 밖으로 분비되는 것이다.

미토콘드리아는 에너지 생산 공장

오르가넬라 중에서 특히 존재감이 큰 것은 미토콘드리아가 아닐까.

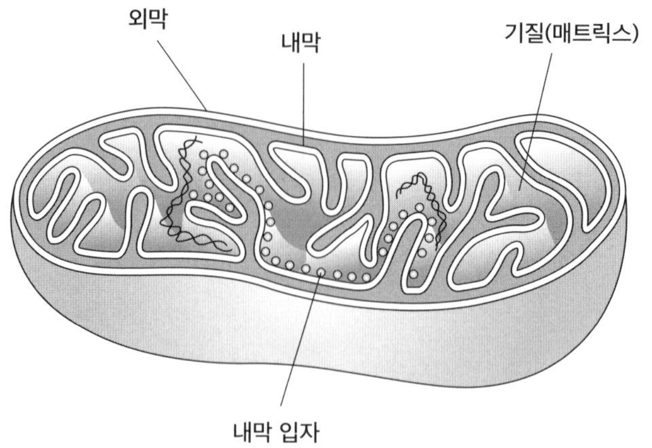

그림 2-11 세포 내 에너지 생산 공장인 미토콘드리아

진핵세포가 살아가기 위해 필요로 하는 에너지의 대부분은 미토콘드리아가 합성한다(5장 참고).

미토콘드리아는 다른 오르가넬라와 달리 내막과 외막의 지질 이중막으로 된 이층 구조다**그림 2-11**. 그림과 같이 내막은 외막 안쪽에서 수없이 접혀 주름을 만들고 있는데, 이 부분에 에너지 생산에 필요한 단백질이 가득 채워져 있다. 미토콘드리아는 세포 안에 다수 존재하며 살아 있는 상태에서는 항상 분열과 융합을 반복하는 동적 오르가넬라로 알려져 있다.

미토콘드리아의 중요한 특징으로 독자적인 DNA를 가지고 있다는 점을 들 수 있다. 미토콘드리아의 DNA는 아주 특이한 성질을 지니고 있는데, 예를 들어 DNA에서 아미노산으로의 변환 암호(코돈, 5장 참고) 중 몇 개가 다른 생물과는 다르다. 또 고등동물의 경우 미토콘드리아 DNA의 유전은 모성 유전으로 자손은 어머니의 미토콘드리아 DNA만을 계승한다. 그래서 어머니의 어머니, 어머니의 어머니의 어머니…와 같이 모성 유전의 성질을 이용하면 인류의 여계 선조에 관한 정보를 얻을 수 있다. 먼저 다양한 인종의 미토콘드리아 DNA배열을 조사해 비교한다. 미토콘드리아의 DNA뿐만 아니라 모든 DNA는 유전을 하면서 조금씩 오류(변이)가 발생하므로(5장 참고) DNA의 배열이 비슷하냐 아니냐를 통해 인류가 언제 분화되었는지 추측할 수 있다. DNA의 배열이 비슷하지 않을수록 오래전에 분화되었다는 뜻이다. 이와 같이 다양한 인종의 미토콘드리아 DNA로 계통나무를 만든 결과, 인류 공통의 여계 선조는 15만 년 전 아프리카에 존재한 여성 '미토콘드리아 이브'임이 밝혀졌다. 이것은 어디까지나 여계로 계승된 계통에 한정된 이야기이므로 현재의 인류가 아프리카에 살았던 단 한 명의 '이브'로부터 탄생한 자손이라는 의미는 아니다. 그러나 인류의 아프리카 기원설과 합치하는 면이 있어 널리 받아들여지고 있다.

세포 내 공생설에 따르면 미토콘드리아의 기원은 에너지 생산능력이 뛰어난 진정세균이다. 그렇다면 미토콘드리아의 DNA는 일반적인 진정세균 정도의 크기일까? 전혀 그렇지 않다. 미토콘드리아의 DNA는 아주 작으며 수십 개의 단백질과 RNA정보만을 가지고 있을 뿐이다. 처음 공생을 시작했을 때는 좀더 많은 단백질을 만들 수 있었겠지만 공생하는 동안 불필요한 DNA를 버린 것이 아닐까 추정된다. 실제로 미토콘드리아 내부에서 기능하는 단백질 중 99퍼센트는 핵에 있는 DNA에서 만들어진 단백질이 미토콘드리아의 내부로 수송된 것이다. 따라서 미토콘드리아는 숙주세포 없이는 살아갈 수 없을 만큼 서로 깊은 공생관계를 맺게 되었다고 말할 수 있다.

엽록체는 광합성의 장

식물세포에는 동물세포에 없는 오르가넬라가 몇 가지 있는데, 그중에서도 엽록체는 태양의 빛에너지를 바탕으로 당분을 합성하는 광합성의 장으로서 매우 중요하다.[8]

8 식물세포에도 미토콘드리아가 존재한다.

앞서 미토콘드리아는 외막과 내막으로 이루어진 이중 구조라고 설명했는데, 엽록체는 여기에 더해 제3의 막 구조로 틸라코이드Thylakoid라는 막이 겹겹이 쌓여 있다. 이 막에는 태양의 빛을 받아들이는 엽록소Chlorophyll가 결합된 단백질이 들어 있어 빛에너지를 확보한 뒤 이산화탄소와 물을 더해 당분을 합성한다. 분자 층위에서 일어나는 광합성에 대해서는 4장에서 좀더 자세히 설명하겠다.

3장

생명 활동을 지탱하는 단백질의 세계

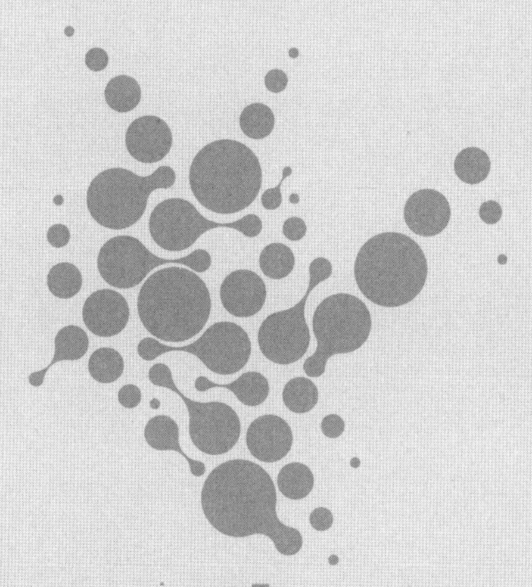

세포의 주요 성분인 단백질은 생명 활동을 지탱하는 주역이다. 단백질이라고 하면 한 종류일 거라 생각하기 쉽지만, 세포 안에는 수많은 종류의 단백질이 가득 차 있다.

인간의 몸속에는 최대 2만 7,000종 정도의 단백질이 들어 있으며 이 단백질들이 복잡한 생명 활동에 필요한 모든 일을 처리한다. 말하자면 만능선수다.

단백질의 주된 활동

- 소화
- 에너지대사
- 근육의 성분
- 산소 운반
- 피부나 머리카락 생산
- 면역 관장
- 정보전달 등

세포의 주성분 단백질

생명 활동을 지탱하는 단백질에 관해 자세히 살펴보자. 단백질이라고 하면 무엇이 떠오르는가? 아마도 고기, 달걀, 콩 등 영양소로서의 단백질이 떠오를 것이다. 실제로 단백질蛋白質의 '단蛋'은 '알'을 의미하므로 단백질은 '난백질卵白質', 즉 흰자위에 많은 성분이라는 뜻이다. 참고로 단백질이라는 단어는 독일어로 단백질을 의미하는 'Eiweiß(Ei[알]+weiß[하얀])'를 번역한 데서 유래했다고 한다.

단백질은 흰자위에 들어 있기도 하지만 건조시킨 세포 중량의 절반 이상을 차지하는 세포의 주성분이기도 하다. 단백질은 영어로 'Protein'인데, 그 어원은 '제일' '주요한'이라는 의미의 그리스어 'Proteios'다.

단백질의 종류는 얼마나 될까?

단백질이라고 하면 종류가 하나일 거라고 생각할지 모르지만 사실 세포 안에는 다양한 종류의 단백질이 가득 차 있다. 가장 작은 생명으로 불리는 미코플라스마에도 약 500종, 대장균에는 약 4,000종의 단백질이 들어 있다. 단백질의 종류는 단백질을 구성하는 아미노산 20종의 배열과 길이의 차이에 따라 나뉜다.

그렇다면 인간의 몸속에는 몇 종이나 되는 단백질이 있을까? 어떻게 세느냐에 따라 다르기는 하지만 최대 2만 7,000종**그림 3-1** 정도라고 한다.[1] 최소 수백, 많아도 고작해야 수만 종 정도의 단백질이 마치 기적처럼 느껴지는 복잡한 생명 활동을 실행하고 있는 것이다.

1 여기서 소개한 단백질의 수는 실제 세포 속에 들어 있는 종류와 일치하지 않는다. 인간의 경우 조직에 따라 만들어지는 단백질 종류가 천차만별이며, 박테리아도 생육 환경에 따라 만들어지는 단백질 종류가 크게 달라진다. 여기서는 각 생물의 유전체(5장 참고) 속에 있는 단백질 종류를 기준으로 삼았다.

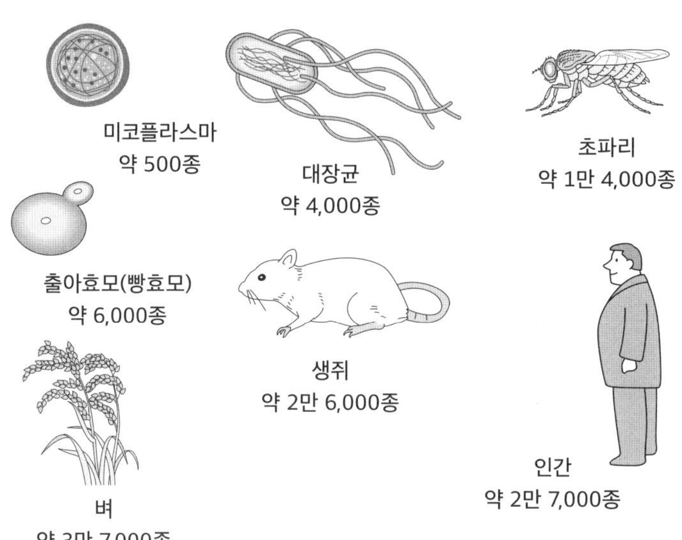

그림 3-1 다양한 생물이 지닌 단백질의 종류

단백질은 무엇이든 한다

생명은 수천수만 종류의 단백질 활동으로 유지된다. 그렇다면 단백질은 '어떤 일'을 할까? 답은 '무엇이든지 한다'이다. 주된 활동을 나열하면 다음과 같다**그림 3-2**.

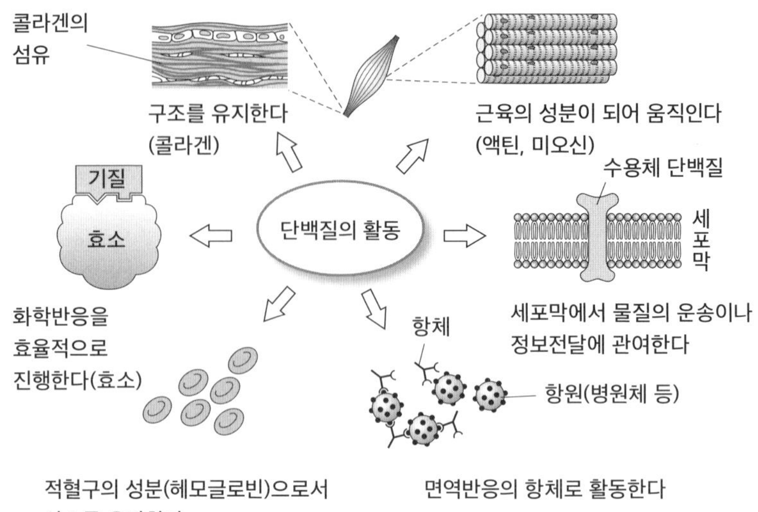

그림 3-2 단백질은 생명 활동을 지탱하는 주역

- 먹은 것을 소화한다 → 소화효소
- 에너지를 만들어낸다 → 대사효소
- 근육을 사용해 움직인다 → 액틴, 미오신
- 산소를 운반한다 → 헤모글로빈
- 피부나 머리카락이 된다 → 콜라겐, 케라틴
- 면역을 관장한다 → 항체(면역글로불린)
- 정보를 전달한다 → 호르몬, 수용체 단백질
- 빛을 발한다 → (반딧불이의) 루시페레이스

· 형광을 발한다 → (해파리의) 녹색형광단백질GFP

실제로는 이 밖에도 다 열거하지 못할 만큼 많은 일을 한다. 또한 어떤 활동을 하는지 명확히 밝혀지지 않은 단백질도 다수 존재한다.

이미 눈치챘겠지만 단백질의 역할은 대부분 '~을 한다'는 동사로 표현할 수 있다. 다시 말해 단백질은 생명 활동에 필요한 일은 무엇이든 처리하는 만능선수인 셈이다.

단백질은 아미노산이 연결된 끈이다

이제 단백질이 어떤 분자인지 살펴보자. 다종다양하며 팔방미인인 단백질은 화학적으로 보면 아미노산이 사슬 모양으로 연결된 화합물에 불과하다. 부품이 되는 아미노산이 연결된 화합물을 펩타이드Peptide라고 한다. 그리고 펩타이드가 길어진 화합물(폴리펩타이드)을 보통 단백질이라고 부른다. 펩타이드와 단백질의 경계가 어디라고 정해져 있지는 않지만 아미노산의 수가 50개 정도까지는 단백질이라고 하지 않고 펩타이드라고 부를 때가 많은 듯하다. 예를 들어 당뇨병 치료

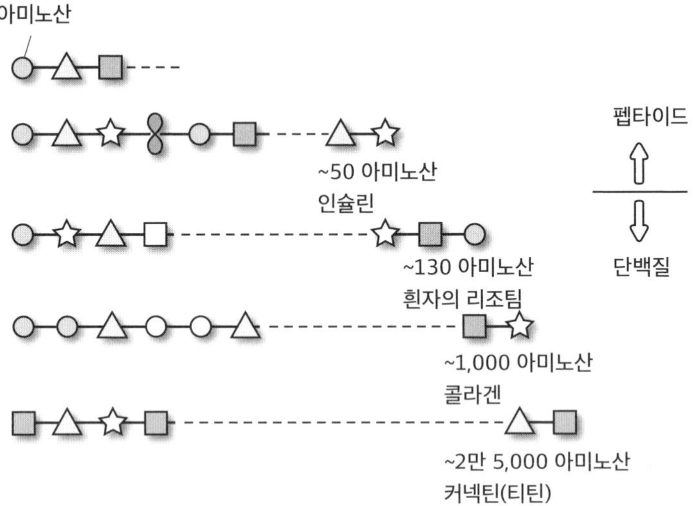

그림 3-3 다양한 단백질의 길이

에 사용되는 인슐린은 아미노산 51개가 연결되어 있지만 보통 펩타이드호르몬이라고 불린다. 긴 단백질의 경우 아미노산 수천 개가 이어져 있는 것도 드물지 않다. 가장 긴 단백질이 무엇인지는 확실하지 않지만 근육에 존재하는 커넥틴(Connectin, 티틴Titin으로도 불린다)이라는 단백질은 2만 5,000개나 되는 아미노산이 연결되어 있다**그림 3-3**.

단백질은 길든 짧든 간에 아미노산이 순서대로 연결된 하나의 '끈'이다. 길이를 포함해 단백질의 종류를 결정하는 기준은 아미노산의 배열이다. 이 배열이 생명 활동을 지탱하는 근원이 되는데 이는 생명의 설계도인 DNA에 기록되어 있다. DNA와 단백질의 관계에 대해서는 5장에서 자세히 설명하겠다.

단백질이 하나의 끈이라면 이것이 몇 갈래로 갈라질 경우 더욱 고도의 활동을 수행할 수 있지 않겠느냐는 의문이 들 것이다. 그러나 기본적으로 생명은 몇 갈래로 갈라진 단백질을 사용하지 않는다. 왜냐하면 단백질의 설계도인 DNA가 갈라지지 않은 끈 모양의 분자이며 DNA에 기록된 정보가 문자열이라서 제약을 받기 때문이다.

단백질은 20종의 아미노산으로 구성된다

아미노산이 연결된 분자인 단백질은 어떤 원리를 통해 생명을 지탱할 만큼 모든 일을 할 수 있는 것일까? 대략적으로 말하면 단백질분자가 지닌 두 가지 특징에서 기인한다.

(1) 화학적 성질이 다른 아미노산이 하나의 폴리펩타이드의 끈에 공존할 수 있다.

(2) 폴리펩타이드의 끈이 특정한 형태(입체구조)를 형성한다.

이 두 가지 특징은 연관되어 있지만 한꺼번에 다루면 혼란을 일으

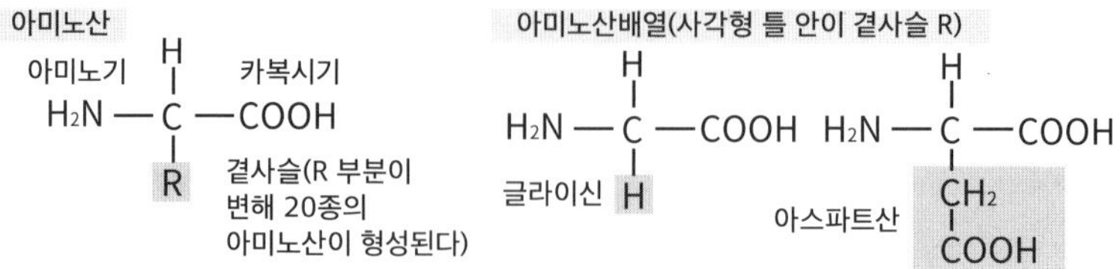

아미노산의 이름	3문자 표기	1문자 표기	곁사슬의 성질	아미노산의 이름	3문자 표기	1문자 표기	곁사슬의 성질
아스파트산	Asp	D	⊖ 음전하	알라닌	Ala	A	
글루탐산	Glu	E		글라이신	Gly	G	가장 단순한 아미노산
아르지닌	Arg	R	⊕ 양전하	발린	Val	V	
라이신	Lys	K		류신	Leu	L	
히스티딘	His	H		아이소류신	Ile	I	
아스파라진	Asn	N	전하 없음	프롤린	Pro	P	고리 구조의 아미노산
글루타민	Gln	Q		페닐알라닌	Phe	F	
세린	Ser	S		메싸이오닌	Met	M	황을 함유한다
트레오닌	Thr	T		트립토판	Trp	W	
타이로신	Tyr	Y		시스틴	Cys	C	황을 함유한다
물에 잘 녹는다(친수성)				물에 잘 녹지 않는다(소수성)			

그림 3-4 아미노산의 구조와 종류

킬 가능성이 높기 때문에 따로 설명하려 한다.

먼저 (1)부터 보자. 그림 3-4를 보면 단백질의 부품인 아미노산은 한 개의 탄소원자에 아미노기와 카복시기, 수소원자, 그리고 곁사슬(그림의 R, 분자 구조식에서 화합물의 탄소원자 사슬이나 고리화합물의 고리에 붙어 이어지는 원자단의 짜임새—옮긴이)이 결합된 분자다. 단백질에 들어 있는 아미노산이 20종이라는 것은 이 곁사슬 부분이 20종이라는 뜻이다. 예를 들어 곁사슬이 수소원자일 경우 그 아미노산은 글라이신Glycine이라고 한다. 아미노산은 기본적으로 탄소, 수소, 산소, 질소

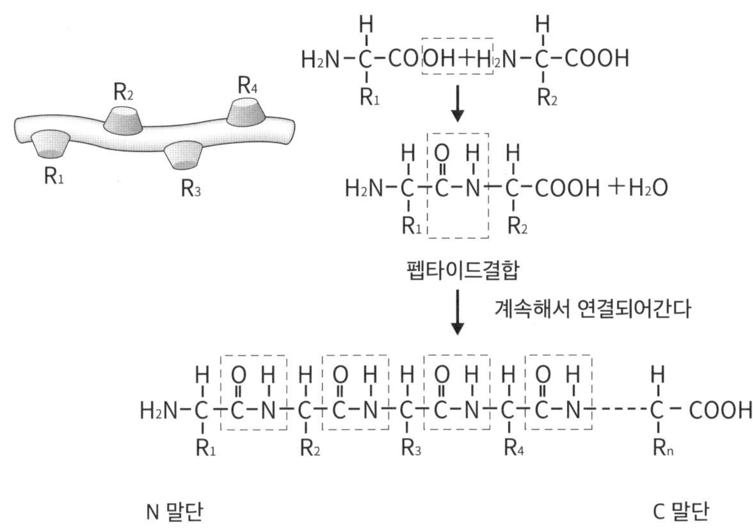

그림 3-5 단백질은 아미노산이 펩타이드결합으로 연결된 끈

로 구성되지만 시스틴Cystine과 메싸이오닌Methionine은 황을 함유한다.

단백질이 끈이 되는 것은 아미노산 내부의 아미노기와 카복시기가 펩타이드결합을 만들어나가기 때문이다**그림 3-5**. 그리고 그 끈이 만능 분자가 될 수 있는 이유는 다양한 화학적 성질을 지닌 곁사슬을 한 개의 끈 속에 집어넣어서다. 곁사슬 20종의 성질을 자세히 소개하는 것은 이 책에서 다룰 수 있는 범위를 넘어서는 일이지만, 물에 잘 녹는 성질(친수성)이냐 물에 잘 녹지 않는 성질(소수성)이냐에 따라 크게 분류할 수 있다**그림 3-4**.

단백질은 형태가 생명이다

단백질의 끈이 '형태(입체구조)'를 만들지 않으면 기능을 발휘하지 못한다는 것 또한 단백질이 지닌 고유한 특징이다. 아미노산이 그저 연결되어 있기만 한 흐늘흐늘한 상태로는 기능을 발휘하지 못하고, 입체구조를 형성해야 비로소 생명을 지탱하는 기능분자가 될 수 있다. 말 그대로 '단백질은 형태가 생명'인 셈이다. 수천수만 종이나 되는 단백질이 저마다 특별한 형태를 갖는 것은 궁극적으로는 입체구조가 다르기 때문이라고 할 수 있다.

단백질의 입체구조와 관련해 구체적인 예를 들면, 그림 3-6은 박테리아 세포벽을 녹이는 리조팀Lysoteam이라는 효소의 입체구조다. 크기는 약 3~4나노미터로, 마이크로미터보다 천 배 작은 나노미터의 세계에 속한다. 최근 나노테크놀로지라는 공학 분야에 관해 들어본 독자도 있을 것이다. 나노미터의 세계에서 인공고분자 등을 합성해 의료나 산업에 이바지하는 분야인데, 생명은 오래전부터 단백질이라는 나노미터 크기의 분자를 활용해왔다.

그림 3-6에서 리조팀의 입체구조를 소개했는데, 나노미터 단위의 작은 분자 모양을 육안으로 직접 보기는 불가능하다. 그래서 단백질의 입체구조를 연구할 때는 특수한 방법을 사용한다. 가장 자주 쓰는 방법

달걀흰자 리조팀: 129 아미노산(분자량 약 1만 4,000)
아미노산을 1문자 표기(그림 3-4)로 나타냈을 때 리조팀의 아미노산배열

KVFGRCELAAAMKRHGLDNYRGYSLGNWVCAAKFESNFNTQATNRNTDGSTDYG
ILQINSRWWCNDGRTPGSRNLCNIPCSALLSSDITASVNCAKKIVSDGNGMNAWVA
WRNRCKGTDVQAWIRGCRL

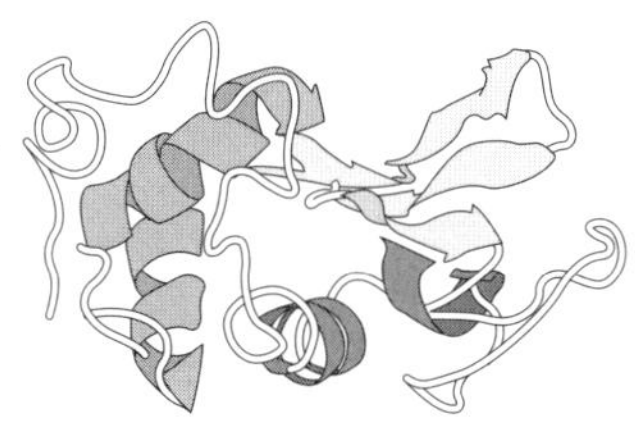

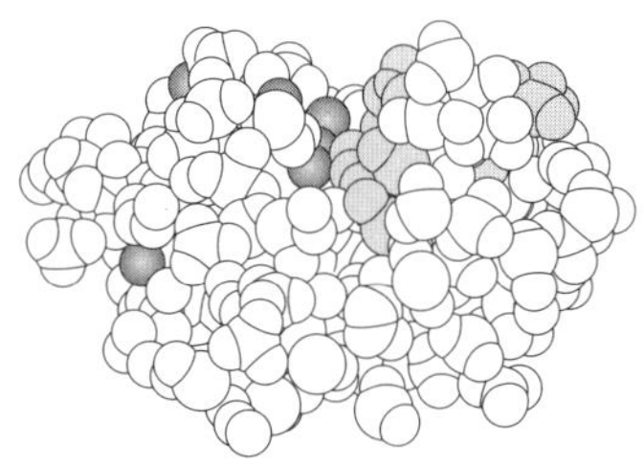

그림 3-6 리조팀단백질의 입체구조
양쪽 모두 같은 입체구조로, 왼쪽은 곁사슬을 포함하지 않은 표기로 리본 모형이고 오른쪽은 곁사슬까지 포함한 공간 채움 모형이다

은 단백질의 결정을 만든 다음 엑스선을 쪼여서 해석하는 것으로 이 방법을 '엑스선 결정구조 해석'이라고 부른다. 결정이라고 하면 소금이나 백반 등 저분자 결정을 떠올리기 쉽지만, 분자량이 수십만 수백만에 이르는 거대한 단백질도 결정이 된다. 결정은 완전히 똑같은 입체구조를 가진 분자가 3차원으로 질서정연하게 나열될 때 생기므로, 결정이 생긴다는 말은 단백질의 입체구조가 (직접 눈에 보이지는 않아도) 똑같은 것으로 이루어져 있다는 증거다. 단백질 결정을 통해 입체구조를 해석하는 방법이 등장함에

2 입체구조를 설명해냄으로써 생명을 이해하는 구조생물학은 생명과학의 중요한 조류가 되었다. 주요 단백질의 입체구조를 밝혀낸 공로로 노벨상을 받은 연구자가 최근 10년 사이에 다섯 명이나 나왔다.

따라 단백질에 대한 이해는 비약적으로 발전했다.[2]

단백질 구조에 대한 이해를 돕기 위해 단백질 구조의 계층성을 소개하겠다**그림 3-7**.

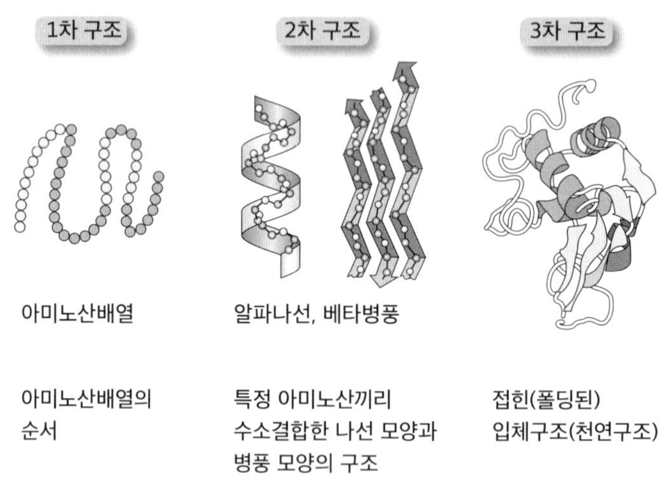

그림 3-7 단백질 구조의 계층성

· 단백질의 1차 구조: 아미노산배열을 가리킨다.

· 단백질의 2차 구조: 폴리펩타이드는 아미노산배열에 따라 나선이나 지그재그 모양이 되는 것이 안정적이다. 나선 모양의 구조를 '알파나선

Alpha helix', 지그재그 모양의 구조를 '베타병풍Beta sheet'이라고 부르며 둘을 합쳐서 단백질의 2차 구조라고 한다. 입체구조를 일러스트로 그릴 때는 각각 나선이나 화살표 같은 형태로 표시한다.

· 단백질의 3차 구조: 2차 구조가 입체적으로 배치되고 복잡하게 접혀서 만들어진 구조를 3차 구조라고 부른다. 이른바 입체구조다. 천연적으로 존재하는 입체구조라는 의미에서 '천연구조'라고 부를 때도 있다.

여기에 더해 몇 가지 단백질이 조합되어 만들어지는 입체구조를 4차 구조라고 부르는 경우도 있다.

단백질의 입체구조는 약한 상호작용으로 유지된다

단백질의 입체구조는 어떤 힘으로 유지되는 것일까? 단백질의 입체구조는 분자 사이의 약한 상호작용(결합)이 미묘한 균형을 이루며 안정된다. 대표적인 약한 상호작용으로는 수소원자가 주인공이 되어 산소원자나 질소원자를 끌어당기는 수소결합, 아미노산의 양전하와 음전하 사이의 인력인 정전결합, 물속에서 소수성 아미노산끼리 모이려고 하는 소수성 상호작용 등이 있다. 이런 약한 상호작용들이 복잡하게 얽히면서 아미노산의 끈이 단단한 입체구조를 만든다.

'약한' 결합이 있으면 '강한' 결합도 있을 텐데, 강한 결합은 무엇일까? 예를 들어 아미노산끼리 연결되어 끈을 형성하기 위해 하는 펩타이드결합은 공유결합이라고 불리는 강한 결합이다.

단백질은 불안정하다

단백질은 입체구조를 형성함으로써 기능을 발휘하는데, 이 입체구조는 매우 예민해 작은 충격에도 붕괴되어 흐늘흐늘한 끈 상태로 돌아가버린다. 이처럼 입체구조가 붕괴되는 것을 '단백질의 변성'이라고 한다**그림 3-8**.

단백질의 변성은 우리에게 매우 친근한 현상이다. 예를 들어 달걀흰자는 가열하면 하얀 덩어리가 되는데, 이것은 달걀흰자 속 단백질이 열에 변성되어 무질서하게 뒤엉켜 거대한 응집체가 되는 현상이다. 육류나 생선을 가열해 요리하는 작업은 살균 효과와 함께 열로 단백질을 변성시키는 중요한 역할을 한다. 실제로 단백질은 일반적으로 입체

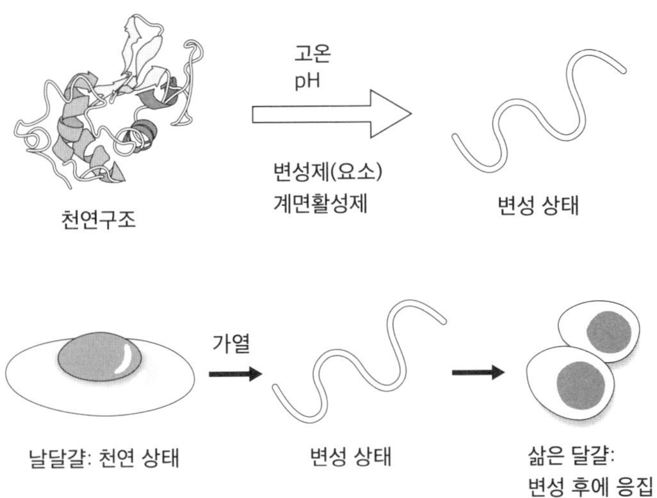

그림 3-8 단백질의 변성과 응집

구조일 때보다 변성된 상태일 때 소화가 더 잘된다**칼럼 3**.

고온 외에 용액을 산성이나 알칼리성으로 만드는 등의 pH 변화, 요소(카보닐기에 두 개의 아미노기가 결합된 화합물로 포유류의 오줌에 들어 있다—옮긴이) 등의 단백질 변성제, 세제 등에 들어 있는 계면활성제 등도 단백질을 변성시키는 작용을 한다. 예를 들어 위 속이 강한 산성인 이유는 영양분으로 섭취한 단백질을 변성시켜 소화하기 쉽게 만들기 위함이다.[3]

3 위 속에는 강산성 환경에서도 기능하는 단백질 분해효소(펩신 등)가 들어 있어서 변성된 단백질을 분해한다.

이와 같이 많은 단백질의 입체구조가 불안정한 것은 입체구조를 안정화시키는 약한 상호작용과 불안정화시키는 힘이 미묘한 균형을 이루며 유지되기 때문이다. 이를 아슬아슬한 안정성이라고 부르기도 한다. 실제로 단백질을 구성하는 수천 개의 아미노산 중에 단 하나의 아미노산이 원래와 다른 종류로 바뀌기만 해도(변이) 제 기능을 하지 못하거나 경우에 따라서는 질병으로까지 이어질 수 있다. 이것은 단백질을 구성하는 수백수천 개의 아미노산 중에 혼자서 전체의 입체구조를 지탱하는 것이 있음을 의미한다.

단백질 중에는 매우 안정적인 것도 있다. 예를 들어 온천의 원천源泉 주변에는 섭씨 100도에 가까운 온도에서도 생존할 수 있는 박테리아가 산다. 고온에 강한 박테리아를 고온균Thermophile이라고 하는데, 고온균의 세포 속에 있는 단백질은 물이 끓는 온도인 섭씨 100도에서도 변성되지 않고 안정적이다. 말하자면 고온균의 단백질은 삶은 달걀 같은 상태가 되지 않는다.

어떤 생물이든 사용하는 아미노산의 종류는 똑같이 20종이므로 아미노산배열의 차이만으로 안정되기도 불안정해지기도 한다. 일반적으로 단백질은 그 생물이 쾌적하게 살 수 있는 온도를 조금만 넘어서도 갑자기 불안정해져서 변성하는 경우가 많다. 단백질은 안정적인 입체구조를 취하도록 진화할 수도 있지만, 불안정한 상태일 때가 세포에 더 유리할 때도 있다. 예를 들어 필요가 없어져서 즉시 파괴해 분해시켜야 할 때에는 불안정한 쪽이 더 편리하다.

단백질의 세계는 다양하다

단백질의 기능은 매우 다양하며 아직 밝혀지지 않은 기능도 많다. 여기서는 대표적인 단백질 중에서도 극히 일부를 입체구조와 함께 소개하겠다.

(1) 효소는 단백질로 이루어진 촉매다

우리에게 가장 친근한 단백질은 효소일 것이다. 우리가 먹은 음식이 소화되는 것은 소화를 촉진하는 효소 덕분이다. 효소는 본래 생체 내에서 잘 진행되지 않는 화학반응을 빠르게 진행시키는 분자다. 화학반응을 촉진하는 분자를 일반적으로 촉매라고 부르는데, 그렇다면 효소는 '생체 내 촉매'라고 할 수 있다. 효소 덕분에 우리는 영양소로 섭취한 음식물을 소화해 에너지로 바꾸거나 생체분자의 재료를 만듦으로써 항상성을 유지한다(4장 참고). 참고로 덧붙이자면 효소 이름에 아밀라아제Amylase, 카탈라아제Katalase 등 '아제-ase'가 많은 이유는 이것이 효소를 의미하는 접미어여서다.

(2) 헤모글로빈은 산소를 운반한다

우리가 호흡을 해서 얻은 산소를 몸속에 넣을 때 사용하는 것이 헤모글로빈Hemoglobin과 미오글로빈Myoglobin이다. 미오글로빈은 1958년에 결정의 엑스선 회절 실험을 통해 입체구조가 밝혀진 최초의 단백질이기도 하다. 헤모글로빈은 혈액 속에 대량으로 들어 있는데, 산소를 함유한 혈액이 붉은 것은 바로 헤모글로빈이 붉기 때문이다. 헤모글로빈에는 헴Heme이라는 철이온을 함유한 분자가 결합되어 있어서 헴에 산소가 결합하면 선명한 빨간색으로 변한다. 이와 같이 20종의 아미노산 외에 금속이온이 단백질에 결합해 기능 발휘에 도움을 주는 경우가 종종 있다.

헤모글로빈은 네 개의 폴리펩타이드가 결합한 4중체 구조다**그림3-9**. 헤모글로빈의 4중체 구조는 주위의 산소 농도에 따라 미묘하게 변하면서 산소와 결합용이성(친화성이라고 한다)을 제어한다. 산소 농도가 높은 곳에서는 산소와 잘 결합하게 하고, 반대로 산소 농도가 옅은 곳에서는 결합하고 있는 산소를 방출한다. 이와 같이 입체구조의 미묘한 변화에 따라 기능을 제어하는 것을 '앨러스테릭allosteric 제어'라고 하는데, 이는 복수의 폴리펩타이드가 결집한 단백질 복합체에서 흔히 볼 수 있는 현상이다.

(3) 운동단백질은 달리고, 걷고, 회전한다

우리는 근육 덕분에 움직일 수 있다. 근육을 현미경으로 관찰하면 액틴Actin과 미오신Myosin이라고 부르는 단백질이 섬유 모양으로 가득 차 있는 것을 볼 수 있다. 액틴단백질이 만드는 섬유에는 미오신과 결

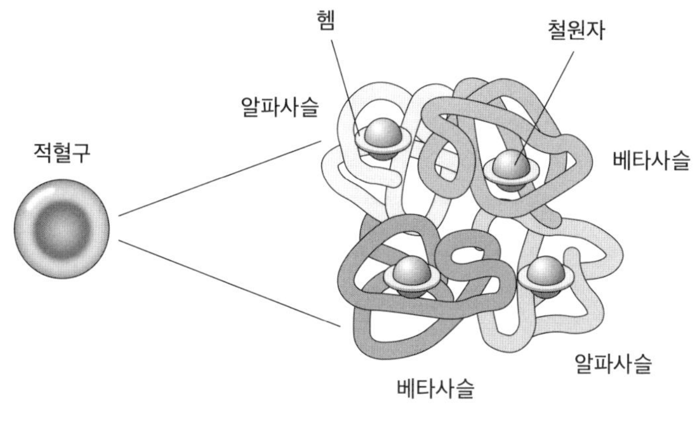

그림 3-9 산소를 운반하는 헤모글로빈

합하는 부분이 있는데, 이 미오신은 ATP라는 에너지분자가 있으면 모양이 크게 바뀐다(ATP에 관해서는 4장 참고). 이와 같은 단백질의 움직임을 구조 변화라고 하는데, 연구 결과 미오신의 구조 변화가 방아쇠가 되어 근육수축이 일어난다는 사실이 밝혀졌다. 미오신처럼 단백질이 실제로 '움직임'으로써 물리적으로 다른 물체(미오신의 경우는 액틴섬유)를 움직이는 단백질을 '운동단백질'이라고 부른다.

미오신과 액틴의 조합은 근육뿐만 아니라 다양한 생물이 여러 상황에서 활용하는 중요한 운동단백질이다. 그림 3-10은 고속원자간력현미경(진공 내, 대기 내 또는 용액 속 시료를 측정할 수 있다—옮긴이)이라는 특수한 현미경으로 미오신이 액틴섬유 위를 '걷는' 모습을 직접 촬영

4 원본 동영상은 고속원자간력현미경을 개발한 가나자와 대학의 안도 도시오安藤敏夫 그룹의 웹사이트에 있다(http://www.s.kanazawa-u.ac.jp/phys/biophys).

한 동영상을 바탕으로 그린 것이다.[4] 성큼 걸음으로 보행하는 모습이 또렷이 보인다. 물론 성큼 걸음이라고 했지만 실제 보폭은 약 35나노미터로, 이 또한 나노미터의 세계다.

미오신은 단백질로 만든 선로(액틴섬유) 위를 걷는 '리니어 모터(linear motor, 가동부가 직선운동을 하는 전동기—옮긴이)'인데, 우리 몸에는 회전 모터도 있다. 미토콘드리아가 에너지를 만드는 최종 단계에

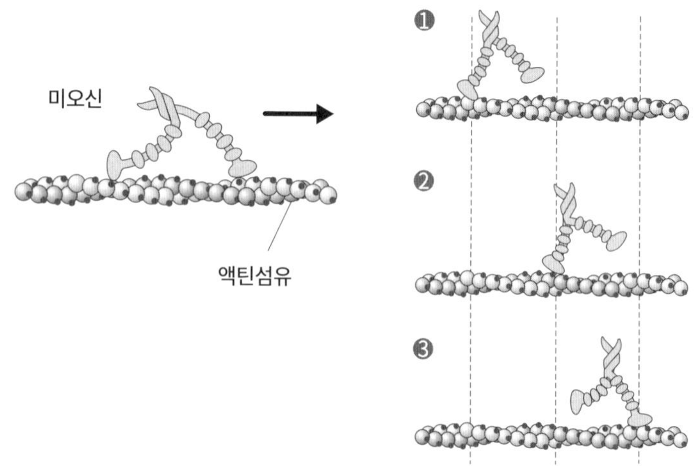

그림 3-10 '걷는' 단백질
ATP 에너지를 사용해 움직일 수 있는 단백질을 통틀어 운동단백질이라고 한다

사용하는 ATP합성 효소는 회전함으로써 에너지를 효율적으로 만들어낸다.

(4) 콜라겐은 피부와 뼈를 만드는 단백질

인간을 포함해 동물에게 가장 중요한 단백질은 콜라겐Collagen이다. 콜라겐은 피부나 뼈의 주성분으로 인간의 경우 단백질 전체의 중량 가운데 약 30퍼센트를 차지한다. 콜라겐은 폴리펩타이드 세 가닥이 밧줄처럼 꼬여 튼튼한 섬유를 형성하고 있다. 콜라겐의 폴리펩타이드는 단순한 아미노산배열의 반복으로 구성되어 있는데, 글라이신-프롤린Proline-하이드록시프롤린Hydroxyproline의 배열이 중심이다.[5]

5 하이드록시프롤린은 프롤린에 수산기(하이드록시기)가 결합된 아미노산이다. 하이드록시프롤린은 생명이 사용하는 20종의 아미노산에 포함되지 않는다. 콜라겐 속 하이드록시프롤린은 단백질이 완성된 다음 프롤린에 수산기를 결합시키는 효소의 작용으로 만들어진다.

콜라겐은 건강식품으로도 유명한데, 사실 우리는 옛날부터 콜라겐을 일상적으로 섭취해왔다**칼럼 4**. 젤리를 만들 때 사용하는 젤라틴은 콜라겐을 열변성시킨 뒤에 굳힌 것이라는 사실을 아는가? 식품은 아니지만 접착제나 그림 도구로 사용되는 아교풀도 젤라틴의 일종이다.

(5) 항체는 면역에 관여하는 단백질

우리에게는 병에 걸리지 않기 위한 시스템으로 면역이 존재하는데,

면역의 주인공 또한 단백질이다. 면역에는 크게 두 종류가 있다. 첫째는 온갖 다세포생물이 태어날 때부터 지니고 있는 자연면역으로 병원체가 되는 박테리아 등을 '먹어치우는' 방식이다. 둘째는 인간을 포함한 척추동물이 지닌 획득면역이다. 획득면역의 원리는 매우 복잡한데 항체단백질이 주요한 역할을 담당한다. 항체는 외부에서 온 바이러스 등 면역을 일으키는 물질(항원이라고 부른다)을 특이하게 인식해 배제하는 계기로 삼는다. 항체는 면역글로불린이라고 불리는 Y자형 단백질로 Y자 상부 두 곳에 항원과 결합하는 부위가 있다. 가변부라고 불리는 이 부위는 방대한 다양성을 지닌 것이 특징이다.

이 항체가 지닌 다양성은 매우 놀라워서 우리 몸은 수백만이나 되는 항체를 만들어낼 능력을 지니고 있다. 이런 다양성을 만들어내는 원리를 밝힌 도네가와 스스무利根川進 박사는 1987년 노벨 생리의학상을 받았다. 그에 따르면 우리 몸은 수백만 종이나 되는 각각의 유전자를 준비해놓은 것이 아니라 항체를 만드는 부품에 어느 정도의 다양성을 부여하고 그것을 조합해 방대한 다양성을 만들어낸다. 예를 들어 항체가 A, B, C 세 부분으로 나뉘어 있다고 가정했을 때 A가 1,000가지, B가 100가지, C가 10가지라면 1000×100×10=100만 가지나 되는 다양성을 만들어낼 수 있다는 것이다. 실제로 다양한 항체가 전부 사용되지는 않으며 대다수는 쓸 일이 없어 보이지만, 무의미하게 생각될 정도로 다양한 항체를 준비하는 이유는 어떤 항원체가 들어올지 알 수 없는 상황에 대응하기 위함이다.

(6) 막단백질은 막에 파묻혀 있는 미개척지

지금까지 소개한 단백질은 물에 녹거나 물에 녹지 않는 경우에는 섬유가 되는 것뿐이었다. 그러나 세포를 외부 세계와 구별 짓는 생체막에 파묻혀 있는 단백질도 있다. 이와 같은 단백질을 통틀어 막단백질이라고 부르는데, 결코 드물지 않다. 세포 내 단백질의 약 30퍼센트가 막단백질이며, 막을 통해서 이루어지는 생명 활동 중에는 중요한 활동이 많다. 이와 같이 막단백질은 양적인 측면에서든 질적인 측면에서든 모두 중요하다. 그러나 막단백질에 관한 연구는 수용성 단백질에 비해 크게 뒤처져 있다.

물에 녹는 단백질의 경우 입체구조의 표면에 친수성 아미노산이 많으며, 소수성 아미노산은 안쪽에 파묻혀 있는 것이 보통이다. 그러나 막단백질의 경우 소수성과 친수성의 관계가 반대다. 왜냐하면 막이 물에 녹지 않는 지질의 이중막으로 되어 있기 때문이다 **그림 3-11**. 그래서 막단백질은 지질 이중막 속에서는 안정적이지만 수용액 속에서는 안정을 유지하지 못한다. 생명과학 연구는 기본적으로 수용액 속에서 진행되기 때문에 물에 녹지 않는 막단백질은 다루기가 매우 어렵다. 이것이 지금까지 막단백질에 대한 연구가 활발히 이루어지지 못한 요인 중 하나다.

(7) 생명과학 연구에서 중요한 빛을 내는 단백질

단백질이 만능분자임을 잘 보여주는 예는 빛을 발하는 단백질이다

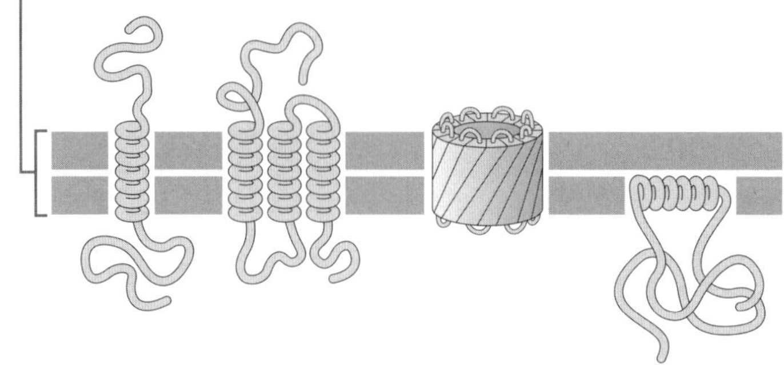

그림 3-11 막단백질의 세계

그림3-12. 빛을 내는 가장 유명한 생물은 반딧불이일 텐데, 반딧불이 배에 있는 루시페레이스Luciferase라는 효소가 루시페린Luciferin이라는 발광 물질에 작용해 빛을 낸다. 이때 세포의 공통 에너지인 ATP도 소모된다. 말하자면 반딧불이의 빛은 루시페레이스 자체가 빛나는 것이 아니다. 그러나 발광을 매우 감도 높게 검출할 수 있기 때문에 세포 속에서 특정 부위만을 빛나게 하는 연구에 루시페레이스가 빈번히 사용된다.

빛을 발하는 또다른 단백질은 GFP라고 줄여서 표기하는 녹색형광단백질Green Fluorescent Protein로 미국 해양생물연구소의 시모무라 오사무下村脩 박사가 에쿼리아 빅토리아Aequorea victoria라는 해파리에서 발견했다. GFP는 루시페레이스와 달리 단백질만으로 빛을 낸다. ATP도 필

반딧불이

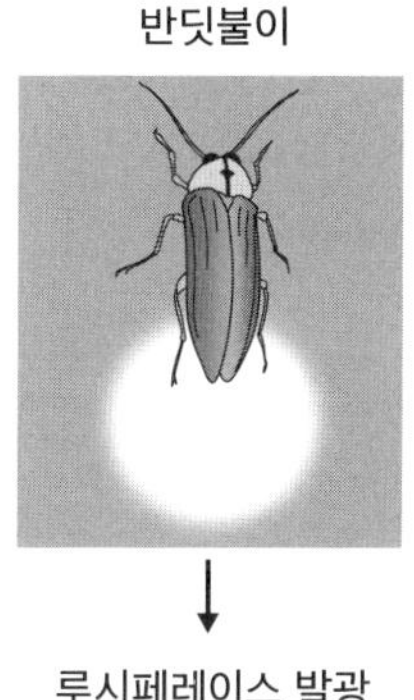

루시페레이스 발광
(기질인 루시페린과
ATP 에너지가 필요하다.
암흑 속에서도 빛을 낸다)

에쿼리아 빅토리아
해파리

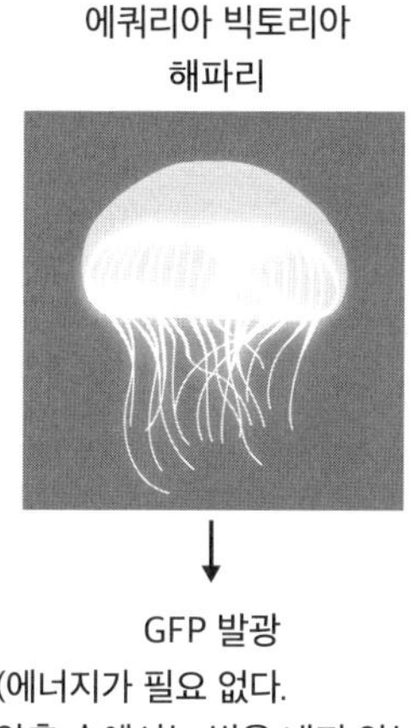

GFP 발광
(에너지가 필요 없다.
암흑 속에서는 빛을 내지 않는다)

그림 3-12 빛을 내는 단백질

요 없다. 다만 GFP의 빛은 '형광'이기에 특정 파장의 빛이 없으면 녹색 형광이 생기지 않는다. 즉 완전한 암흑 속에서는 빛을 내지 못한다.

GFP가 해파리 내부에서 어떤 역할을 하는지는 잘 알려져 있지 않지만 형광을 발하는 특이한 성질을 지닌 덕분에 GFP를 만들기 위한 정보를 가진 DNA를 세포 내에 넣기만 해도 그 세포를 빛나게 할 수 있다. 이런 편의성을 발견해 세포생물학에 혁명을 일으킨 시모무라 박사는 2008년 노벨 화학상을 수상했다.

최초로 발견된 것은 녹색형광을 발하는 GFP였지만, 그후 이것을 개량한 결과 파란빛을 내는 GFP와 노란빛을 내는 GFP가 개발되었다.

또한 말미잘 등에서 적색형광을 발하는 단백질도 발견되는 등, 지금은 단백질에서 무지갯빛에 가까운 다양한 형광색을 만들어낼 수 있게 되었다.

단백질이 만들어지는 과정

지금까지 단백질의 세계를 각론적으로 살펴봤다. 다시 총론적인 이야기로 돌아가보자. 단백질의 세계는 비유적으로 표현해 백화요란百花燎亂, 무엇이든 가능한 세계라고도 할 수 있지만 어떤 단백질이든 세포 내에서 만들어지는 과정은 기본적으로 똑같다. 단백질은 세포 내에 있는 리보솜이라는 아미노산을 연결하는 장치를 통해 만들어진다**그림 3-13**. 리보솜은 수십 종의 단백질과 리보핵산RNA이 모인 거대한 단백질, 그리고 RNA로 구성된 복합체로 세포 내에 대량으로 들어 있다. 리보솜의 역할은 DNA정보의 사본인 RNA를 통해 아미노산 하나하나를 정확한 순서대로 연결해 폴리펩타이드를 만드는 것이다(DNA, RNA와 단백질의 관계는 5장 참고).

그렇다면 인공적으로 단백질을 합성할 수는 없을까? 유기화학적 방

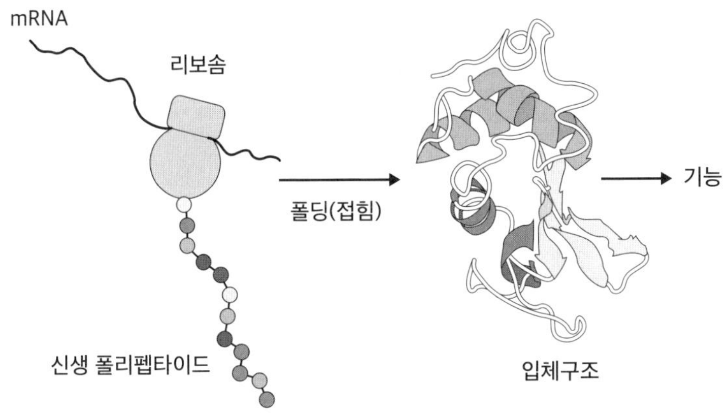

그림 3-13 단백질은 폴딩이 되어야 제 기능을 발휘한다

법으로 아미노산을 연결하는 일은 가능하지만 길이에 한계가 있기 때문에 모든 단백질을 화학적으로 합성하지는 못한다. DNA의 경우는 기술혁신이 진행되어 박테리아가 지닌 DNA 한 세트(유전체) 정도까지 인공적으로 합성할 수 있게 되었지만(7장 참고), 단백질의 인공합성은 아직 미래의 영역이라고 할 수 있다.

폴딩
단백질의 입체구조 형성 과정

단백질은 리보솜에서 합성되지만 리보솜의 역할은 아미노산을 연결해서 끈으로 만드는 것까지다. 리보솜에서 갓 만들어진 단백질은 아직 변성된 상태며 단백질의 '생명'인 입체구조는 기본적으로 합성 후에 형성된다. 이 입체구조를 형성하는 과정을 단백질의 폴딩(접힘)이라고 부른다. 단백질의 폴딩은 단백질을 이야기할 때 빼놓아서는 안 되는 현상으로 종이접기에 비유되곤 한다.

단백질의 폴딩과 관계된 기본 원리는 지금으로부터 약 50년 전에 실시된 간단한 실험을 통해 밝혀졌다. 그림 3-14와 같이 먼저 폴딩된 단백질(효소)에 변성제를 가해 변성시킨 다음 변성제를 제거하면 아무것도 가하지 않아도 알아서 원래와 똑같은 형태를 지닌 효소가 재생된다. 이 실험을 통해 단백질의 폴딩은 자발적이라는 결론이 도출되었다. 다르게 표현하면 폴리펩타이드의 끈은 아미노산배열에 따라 일의적으로 결정되며 가장 안정적인 입체구조로 폴딩한다고 말할 수 있다**칼럼 5**.

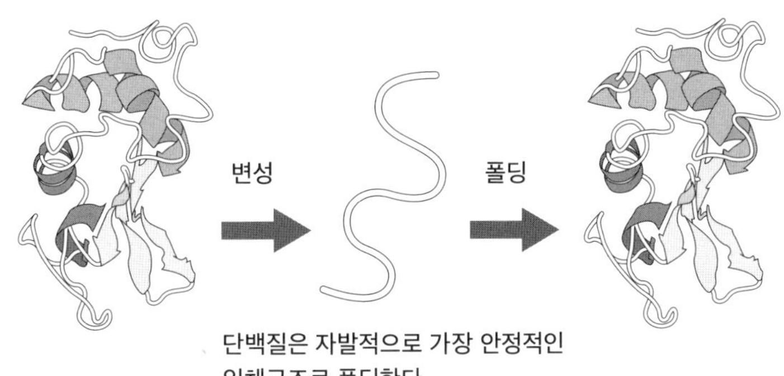

그림 3-14 단백질의 변성과 폴딩

수수께끼로 가득한 단백질의 폴딩

이렇게 설명하면 단백질의 폴딩이 간단해 보이지만 사실 그 과정은 아직도 수수께끼로 가득하다.

폴딩이 간단하다면 아미노산배열만 알아도 마지막에 어떤 입체구조로 폴딩할지 알 수 있지 않을까 하는 의문이 들지도 모른다. 그러나 어떤 입체구조가 가장 안정적인지 계산하는 일은 최신 슈퍼컴퓨터가 동원되어도 쉬운 일이 아니다. 폴리펩타이드의 끈이 취할 수 있는 구조에 대한 경우의 수가 너무 방대해 가장 안정적인 구조를 계산해내기가 현실적으로 어렵기 때문이다**칼럼 6**.

이것이 얼마나 어려운 일인지 이해하기 위해 간단한 사고실험을 해보자. 폴리펩타이드의 두 아미노산이 연결되는 부분에 세 가지 모양이 있다고 가정한다. 그러면 아미노산이 세 개일 때 있을 수 있는 입체구조의 경우의 수는 3^2, …, n개일 때는 3^{n-1}이 된다. 예를 들어 101개의 아미노산으로 구성되는 단백질이라면 경우의 수는 3^{100}이라는 천문학적인 수가 나온다. 3^{100}가지 중에서 가장 안정적인 입체구조 하나를 계산해내기란 얼마나 어려운 일인지 이해할 수 있을 것이다.

단백질 폴딩의 기본 원리

단백질 폴딩에 관한 또다른 문제는 실패가 매우 많다는 것이다. 그 이유를 설명하기 위해 먼저 단백질 폴딩의 기본 원리를 알아보자.

앞에서도 말했듯이, 단백질을 구성하는 아미노산은 크게 친수성과 소수성 두 가지로 나뉜다. 소수성 아미노산의 곁사슬은 기름 같은 분자 구조로, 말하자면 단백질은 물과 기름이 하나의 사슬에 흩어져 있는 분자인 셈이다. 잠시 샐러드에 뿌려 먹는 드레싱을 떠올려보기 바란다. 드레싱을 섞다가 멈추면 물과 기름이 분리된다. 이것은 물속에서 기름은 기름분자끼리 뭉치는 편이 에너지의 측면에서 안정적이기 때문이다. 이렇게 기름분자가 물속에서 모이는 성질을 소수성 상호작용이라고 한다.

양날의 검과 같은 소수성 상호작용

그렇다면 사슬 하나에 친수성 아미노산과 소수성 아미노산이 공존하는 폴리펩타이드 사슬에서는 어떻게 될까? 여기서도 드레싱과 똑같은 현상이 일어나 소수성 상호작용에 따라 소수성 아미노산끼리 뭉치려 한다**그림 3-15**. 그 결과 폴딩이 진행되어 폴리펩타이드가 공 모양이 될 때 폴리펩타이드의 끈도 물에 잘 녹는 친수성 아미노산은 바깥쪽, 소수성 아미노산은 안쪽으로 모이려 한다. 팥경단에 비유하면 안쪽의 떡이 소수성 아미노산, 표면의 팥고물이 친수성 아미노산이다. 떡이 끈적끈적하게 달라붙어 안쪽으로 숨듯이 폴리펩타이드 사슬이 접히는 일은 단백질의 폴딩을 구동하는 힘이 된다.

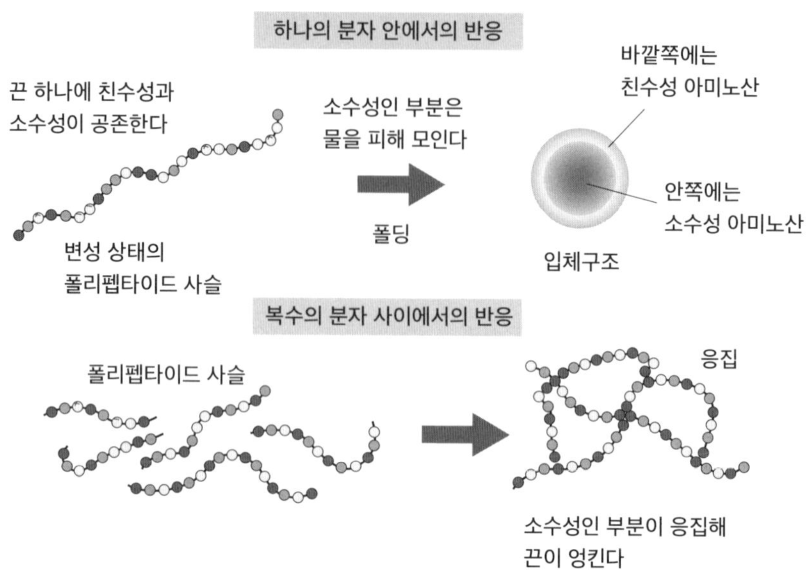

그림 3-15 폴딩에 실패하면 응집체를 형성한다

응집체 형성은 폴딩을 방해한다

폴딩을 완료하기 전 변성된 상태에서는 소수성 아미노산이 바깥쪽으로 노출된다. 만약 소수성 아미노산이 노출된 상태에서 밖에도 소수성 아미노산이 노출된 단백질이 또 있다면 어떻게 될까? 기름은 기

름끼리 뭉치므로 분자 사이에서 복수의 폴리펩타이드가 결합해 뒤엉킬 것이라 쉽게 상상할 수 있다. 이 현상이 다수의 폴리펩타이드에서 일어나면 엉킴이 심해져 결과적으로 삶은 달걀처럼 굳어진다. 이것이 단백질의 응집체다. 폴딩 도중에 응집체가 형성되면 폴딩은 헛수고가 되고 만다.

말하자면 소수성 상호작용이 '분자 내'에서 일어나면 폴딩이 진행되지만 복수의 '분자 사이'에서 일어나면 비생산적인 응집체를 형성하고 마는 것이다. 이와 같이 소수성 상호작용은 폴딩을 진행하는 동시에 폴딩 실패의 원인도 되는 양날의 검이라고 할 수 있다.

폴딩을 돕는 샤프론

그림 2-2(46쪽)에서 소개했듯이 실제 세포의 내부에는 단백질을 비롯한 생체분자가 가득 차 있다. 이와 같은 환경 속에서 단백질이 응집되지 않고 폴딩에 성공해야 생명체도 살 수 있다. 그래서 생명체는 단백질의 폴딩을 돕는 샤프론Chaperone이라는 단백질을 준비해놓았다. 샤프론이 있으면 리보솜에서 태어난 단백질이 응집되지 않고 정상적

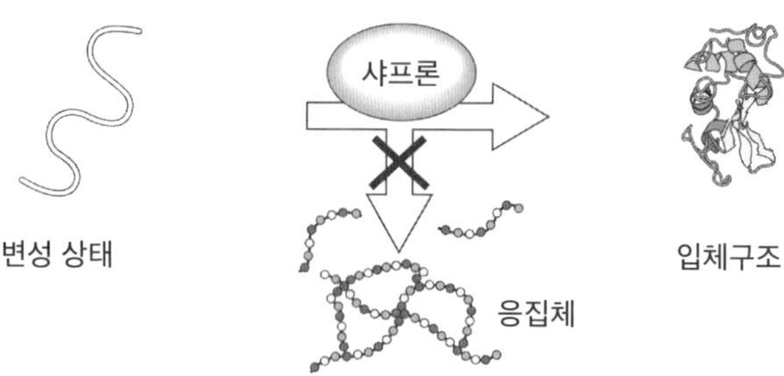

달걀흰자의 열에 따른 응집(삶은 달걀) 실험

샤프론이 있으면 '삶은 달걀'이 되지 않는다

그림 3-16 응집을 방지해 폴딩을 돕는 샤프론

으로 폴딩에 성공할 수 있다 **그림 3-16**. 물론 외부의 도움 없이 폴딩이 일어나는 것이 가장 이상적이지만 현실적으로는 모든 세포에서 여러 종류의 샤프론이 폴딩을 돕는 책임을 다하고 있다.

그림 3-16의 사진은 샤프론의 활동을 한눈에 알아볼 수 있는 실험이다. 우리가 평소에 먹는 달걀흰자를 희석해 섭씨 70도로 가열하면 왼쪽 시험관처럼 희뿌옇게 탁해진다. 삶은 달걀의 흰자 상태다. 그러나

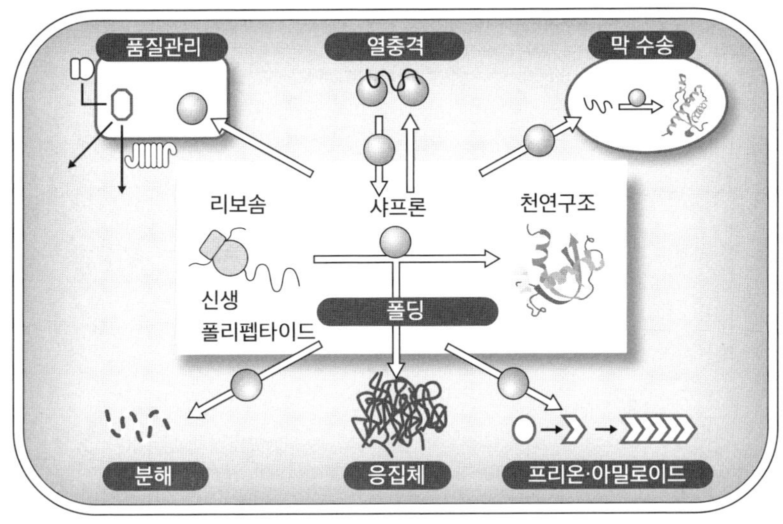

그림 3-17 단백질의 일생과 샤프론의 역할

흰자와 함께 샤프론을 넣으면 전혀 탁해지지 않고 투명함을 유지한다. 사진을 보면 샤프론이 단백질이 열에 응집하지 않도록 방해함을 알 수 있다.

샤프론이라는 단어는 원래 '사교계에 데뷔하는 젊은 여성이 어엿한 숙녀가 되도록 시중을 드는 부인'을 의미한다. 리보솜에서 갓 태어난 미숙한 상태에서 폴딩에 성공해 어엿한 단백질이 될 수 있도록 돕는 작용을 하기 때문에 이런 이름이 붙었다. 계속된 연구에서 샤프론은 폴딩을 도울 뿐만 아니라 단백질이 역할을 마치고 분해될 때까지 돌본다는 사실이 밝혀졌다. 즉 샤프론은 '요람에서 무덤까지' 단백질을 평생 보살피는 것이다**그림 3-17**.

샤프론은 어떤 방법으로 단백질의 폴딩을 돕는 것일까? 두 가지 방법이 있다. 첫째는 응집하기 쉬운 소수성 아미노산에 달라붙어 이를 가려버림으로써 응집하지 않도록 하는 방법이다. 둘째는 응집하기 쉬운 폴리펩타이드를 안전한 공동空洞에 격리시켜 응집하지 못하게 막는 방법이다**칼럼 7**.

샤프론은 열충격단백질

앞서 단백질은 불안정하다고 설명했는데, 실제로 단백질은 그 생물이 살아가기 위한 적정한 온도에서만 아슬아슬하게 안정성을 유지할 수 있도록 만들어진 경우가 많다. 예를 들어 우리 체온은 섭씨 36도 정도인데, 섭씨 38~40도로 고작 몇 도만 체온이 높아져도 입체구조에 영향을 받는 단백질이 있다. 이와 같이 단백질은 평소 살아가는 온도보다 조금만 고온의 환경에 노출되어도 변성되는 경우가 적잖다. 일시적 고온에 단백질이 변성되어 응집해버린다면 생명은 금방 죽고 만다. 그래서 일시적 고온 등의 스트레스에 대한 방어 도구로도 샤프론을 사용한다. 사실 대부분의 샤프론은 일시적으로 세포를 고온으로 만들었을 때 양이 늘어나는 단백질(열충격단백질HSP)로서 발견되었다. 샤프론에 따라서는 고온에서 만들어진 응집체를 풀어서 원래의 상태로 되돌리는, 말하자면 삶은 달걀을 날달걀로 되돌리는 작용을 하는 것도 있다.

폴딩이 잘못되어 생기는 아밀로이드

폴딩의 이상이 병으로 이어지는 경우가 있다. 잘 알려진 알츠하이머병이나 파킨슨병, 광우병 등은 관련된 단백질이 아밀로이드라고 부르는 특수한 상태가 되는 것과 깊은 관련이 있다**그림 3-18**.

삶은 달걀에 비유한 단백질 응집체는 변성된 단백질이 무질서하게 모여서 엉킨 것이다. 그런데 아밀로이드의 경우 응집되는 것은 같지만 단백질이 규칙적으로 응집해 결과적으로 섬유를 형성한다. 이 아밀로이드섬유는 정상적인 폴딩으로 형성되는 입체구조와는 다른 입체구조가 된다는 점에서 폴딩의 이단아라고도 부를 수 있는 존재다. 게다가 아밀로이드섬유는 정상적인 입체구조보다 안정적이다. 어떤 이유로

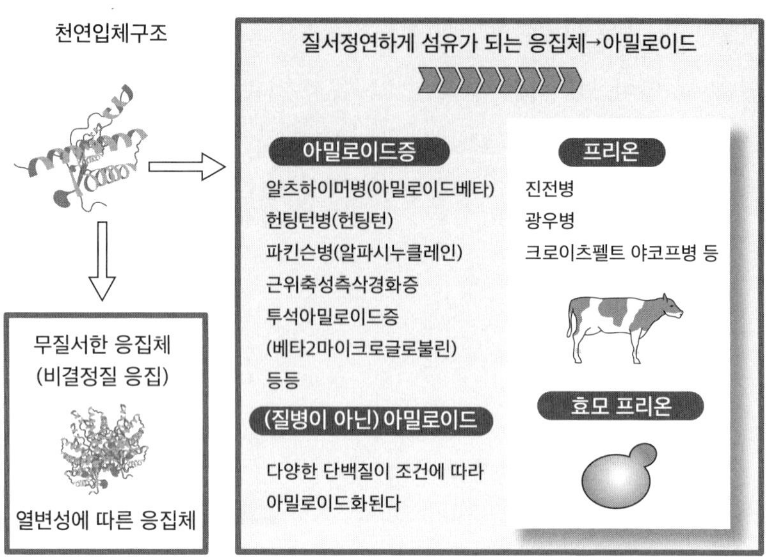

그림 3-18 규칙적으로 응집해 섬유를 형성하는 아밀로이드
(아밀로이드증에 관해서는 6장 참고)

아밀로이드가 생기면 병에 걸리는지는 아직 밝혀지지 않았지만, 세포 내 단백질 네트워크의 항상성을 혼란시키는 한 가지 요인으로 알려져 있다.

프리온단백질에서의 아밀로이드 증식

아밀로이드와 관련된 폴딩 이상을 한 가지 더 소개하겠다. 광우병이나 크로이츠펠트 야코프병이라는 말을 들어본 적이 있을 것이다. 양이 걸리는 진전병이나 사람이 걸리는 쿠루병은 어떤가? 지금 소개한 병들은 전부 같은 단백질이 원인인데, 그 단백질이 바로 프리온Prion이다. 프리온은 아밀로이드의 일종인데, 폴딩의 이상이 증식해 개체 사이에 전파되기 때문에 감염인자가 된다.

오래전부터 진전병이나 쿠루병 등은 수수께끼의 전염병으로 알려져 왔다. 왜 수수께끼인가 하면 오랫동안 병원체를 알아내지 못했기 때문이다. 일반적으로 전염병은 미생물이나 바이러스가 병원체다. 전염되려면 병원체는 증식할 필요가 있는데, 증식하는 것은 DNA 등 핵산이다. DNA를 복제해서 증식하는 것은 생명의 기본이므로 희귀한 일이 아니다. 그러나 진전병이나 쿠루병은 병원체에 핵산이 들어 있지 않다는 사실이 증명되었기 때문에 무엇이 전염의 실체인지 수수께끼에 싸여 있었다. 그러다 아밀로이드가 된 이상형異常型 단백질이 입체구조가 복제되면서 증식한다는 참신한 가설이 제시되었고, 이것이 실증되기에 이르렀다.[6]

핵산을 거치지 않고 단백질 자체가 증식할 수는 없다. 그런데 프리온

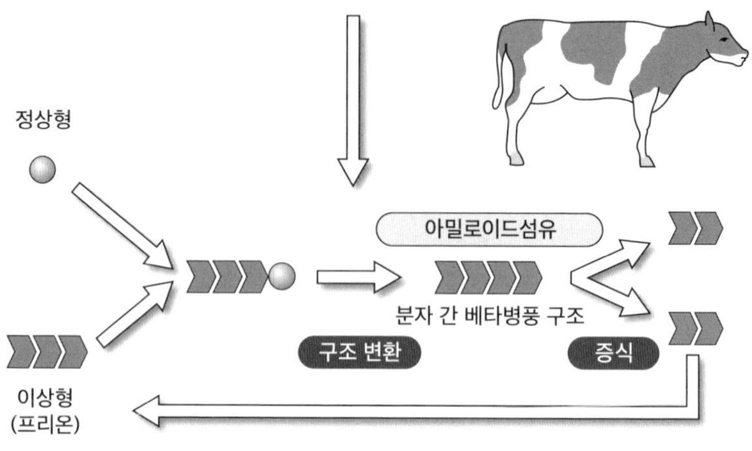

그림 3-19 프리온의 경우 아밀로이드가 증식한다

의 경우, 폴리펩타이드 자체가 복제되어 증식하지는 않지만 비정상적 입체구조의 단백질인 아밀로이드가 '단백질만으로 복제되어 증식'한다 **그림 3-19**. 단백질이 단백질만으로 복제되면서 증식한다는 설은 복제되어 증식하는 것이 DNA뿐이며 단백질은 RNA를 거쳐서만 복제된다는 정설[7]에 반하기 때문에 생명과학계에 커다란 충격을 안겼다. 지금은 포유류의 프리온병뿐만 아니라 여러 곳에 이와 같은 현상이 숨어 있음이 밝혀졌다 **칼럼 8**.

6 단백질만으로 증식해 병원체가 된다는 프리온설을 제창한 프루지너Stanley Prusiner 박사는 1997년 노벨 생리의학상을 받았다.

7 DNA→RNA→단백질이라는 흐름은 생명의 '센트럴 도그마'라고 일컬어진다(5장 참고).

칼럼 3

단백질 열변성이 인간의 지능을 발달시켰다?

인간의 학명은 호모사피엔스다. '사피엔스Sapiens'는 라틴어로 '현명하다'라는 의미이므로 인간이 침팬지 등 다른 유인원과 구별되는 점이 현명함이라는 말이다. 그렇다면 인간의 지능은 어떻게 발달하게 되었을까? 이에 관해서는 여러 가설이 존재하는데, 인류가 불을 사용하는 법을 익혀 음식물을 가열 조리하게 된 것이 뇌의 발달로 이어졌다는 가설이 있다.[8] 인류가 출현하기 전에는 모든 생물이 음식물을 날로 먹었다. 그런데 단백질은 입체구조를 가지고 있는 '날것'의 상태일 때보다 변성된 상태일 때 소화가 더 잘된다. 말하자면 단백질을 날로 먹으

8 하버드 대학에서 인류학을 연구하는 랭엄Richard Wrangham 교수가 제창했다.

면 소화 효율이 떨어진다. 실제로 달걀을 가열해서 먹으면 날로 먹을 때보다 영양분의 흡수율이 두 배 가까이 높아진다는 실험 결과가 있다고 한다. 또한 음식물을 가열하면 소화 흡수의 측면에서 좋을 뿐만 아니라 살균과 장기 보존에도 도움이 된다.

이렇게 생각하면 가열 조리를 함으로써 인간은 같은 양의 음식물에서 더 많은 에너지를 얻을 수 있게 되었고, 남아도는 에너지가 뇌세포의 활성에 사용되거나 혹은 에너지를 획득하는 데 걸리는 시간이 줄어듦에 따라 지적인 활동을 할 시간이 늘어나는 등의 이유로 뇌가 발달해 그 결과 호모사피엔스로 진화했다는 시나리오다.

참고로 단백질뿐만 아니라 녹말 등도 가열하면 몸속에서 에너지 흡수 효율이 높아지지만, 이 장에서 소개한 단백질 변성에 초점을 맞추자면 인류는 단백질을 열로 변성시킨 덕분에 지능을 획득한 셈이다. 조금 억지스러울 수도 있으나 재미있는 가설이다.

칼럼 4

콜라겐을 먹으면 피부가 좋아진다?

콜라겐은 피부와 뼈를 형성하는 주성분이다. 따라서 피부의 탄력에도 당연히 영향을 미친다. 그러나 먹거나 마셔서 섭취한 콜라겐이 그대로 피부의 콜라겐 성분이 되는가 하면 그렇지는 않다.

경구 섭취한 콜라겐은 먼저 위장에서 아미노산으로 분해되어 흡수된다. 이 아미노산에는 콜라겐의 정보가 들어 있지 않으므로 이것이 어떤 단백질의 합성에 사용될지는 누구도 알 수 없다. 즉 콜라겐이 될지 헤모글로빈이 될지 아무도 모른다는 말이다.

또 한 가지 잊지 말아야 할 점은 콜라겐에 하이드록시프롤린이라는 특수한 아미노산이 대량으로 함유되어 있다는 사실이다. 하이드록시프롤린은 생명이 보편적으로 사용하는 20종의 아미노산(74쪽, 그림 3-4 참고)에 포함되지 않는다(87쪽, 3장 주5 참고). 다시 말해 콜라겐이 소화되어 아미노산으로 분해되었을 때 생기는 재활용된 아미노산 가운데 하이드록시프롤린은 DNA에서 단백질을 합성할 때 사용할 수 없다는 뜻이다. 여기서도 하이드록시프롤린이 몸속에서 콜라겐을 합성할 때 도움이 되지 않음이 명확해진다.

최근 들어 광고에서 종종 볼 수 있는 단백질을 포함한 효소 건강식품이나 효소 다이어트 등도 콜라겐과 마찬가지다. 효소를 먹거나 마셔도 소화 과정에서 아미노산으로 분해되므로 경구 섭취한 효소가 그대로 몸속에서 활동하는 일은 없다. 애초에 그런 식품에 들어 있다는 '효소'가 대체 무엇인지 그 실체조차도 불명확한 실정이다.

칼럼 5

사실은 '형태'를 만들지 않는 단백질이 많다?

이 장에서는 '단백질은 형태가 생명'이며 아미노산배열이 결정되면 특정한 한 가지 입체구조만을 형성한다고 설명했다. 그런데 최근 연구에서는 인간을 포함한 진핵생물의 경우 많은 단백질이 스스로 확실한 입체구조를 형성하지 않고 흐늘흐늘한 끈 상태로 있는 것은 아닌가 하는 이야기를 한다. 이런 경우 샤프론 같은 폴딩을 돕는 단백질이 있어도 구조를 형성하지 못한다. 이런 단백질을 애초에 변성된 상태가 정상이라는 의미에서 '천연변성단백질'이라고 부른다. 단백질의 일부가 천연변성단백질의 영역을 가지는 경우까지 포함하면 진핵생물의 단백질 가운데 무려 30퍼센트가 천연변성 상태라는 계산이 나올 정도다.

천연변성단백질이 세포 속에서 어떤 역할을 하는지는 아직 확실하지 않지만, 특정 형태를 형성하지 않는 대신 복수의 상대와 달라붙어 기능하는 것이 아닌가 하는 추측이 나오고 있다. 즉 평소에는 흐늘흐늘한 변성 상태지만 파트너가 될 단백질이 다가오면 상대에 맞춰 다양하게 변신해 기능을 발휘한다는 이야기다. 카멜레온 같은 단백질이라고도 부를 수 있겠다.

광우병 같은 프리온병의 원인이 되는 프리온단백질이나 아밀로이드가 되는 단백질은 일부가 천연변성단백질인 경우가 많다고 알려져 있다. 단백질에는 아직 미지의 세계가 많음을 보여주는 일례다.

칼럼 6

온라인 게임에서 단백질 폴딩을 겨루다

단백질 폴딩은 일종의 퍼즐이다. 다만 퍼즐은 답을 아는 누군가가 있지만 단백질 폴딩은 그렇지가 않다. 아무도 답을 모르는 단백질이 아직도 많다. 어떤 아미노산배열이 어떤 입체구조가 되는지 정확히 예측하는 것은 최신 슈퍼컴퓨터로도 쉽지 않다.

그런데 '슈퍼컴퓨터로는 불가능하더라도 인류의 지혜를 결집하면 풀 수 있지 않을까?'라는 생각에서 폴딩을 온라인 네트워크게임으로 만든 사람들이 있다. '폴드잇Foldit'이라는 이 게임에서는 화면의 '폴리펩타이드'를 마우스로 잡아서 움직이며 가지고 놀 수 있다(http://fold.it). 단순히 노는 것을 뛰어넘어 좀더 안정적인 입체구조로 폴딩하면 높은 점수를 얻게 설계되어 인터넷상에서 게이머들이 서로 겨룰 수도 있다.

이 게임에서 재미있는 점은 입체구조가 밝혀지지 않은 단백질까지 '출제'된다는 것이다. 이런 경우에 게이머와 슈퍼컴퓨터를 비교한 결과, 놀랍게도 게이머들이 만든 입체구조가 더 안정적인 것도 있었다. 게이머가 슈퍼컴퓨터보다 좋은 성적을 올린 사례는 논문으로 정리되어 세계 최고의 과학 잡지인 〈네이처〉에 실렸을 정도다(이 논문에서는 이례적으로 'Foldit players', 즉 게이머들의 이름을 저자로 올렸다).

장기와 바둑의 세계에서 컴퓨터는 프로 기사의 수준에 도달했다. 가까운 미래에는 아무도 컴퓨터를 이기지 못하게 될지도 모른다. 이런 관점에서 생각하면 인류가 단백질 폴딩을 통해 컴퓨터에 역습을 가한 것이 뿌듯하기도 하다.

폴드잇은 시민의 지혜를 모아 단백질 폴딩이라는 어려운 문제를 해결하고자 하는 시도다. 그 밖에도 시민의 힘을 이용해 단백질 폴딩 연구를 하는 사례가 또 있다. '폴딩앳홈folding@home'이라는 웹사이트(http://folding.stanford.edu)에서는 가정이나 직장에서 평소에 사용하지 않는 컴퓨터의 CPU를 인터넷상에 연결해 단백질의 입체구조를 계산하고 있다.

폴드잇과 폴딩앳홈 모두 미국에서 만든 영어 웹사이트지만 흥미가 있는 독자라면 꼭 접속해보기 바란다.

칼럼 7

샤프론의 작용 메커니즘

여기서는 내가 연구하고 있는 단백질에 관해 잠시 소개하겠다. 하나는 세포 내에서 단백질의 폴딩을 돕는 샤프론이다. 본문에서 샤프론이 작용하는 메커니즘에 대해 밝히면서 샤프론이 공동을 만들어 변성되는 단백질을 가둔다고 설명했다. 그림 3-20은 '샤프로닌Chaperonin'[9]이라 불리는 샤프론의 입체구조와 모식도다.

샤프로닌은 새로 만들어진 폴리펩타이드와 어떤 이유로 변성된 단백질을 인식해 결합시킨다. 그런 다음 ATP와

9 샤프론과 샤프로닌을 혼동하기 쉬운데 샤프론은 샤프론적으로 기능하는 단백질의 총칭으로서 Hsp70과 Hsp90 그리고 샤프로닌GroEL/Hsp60 등이 대표적이다. 샤프로닌은 샤프론이라는 커다란 집단의 일원이다.

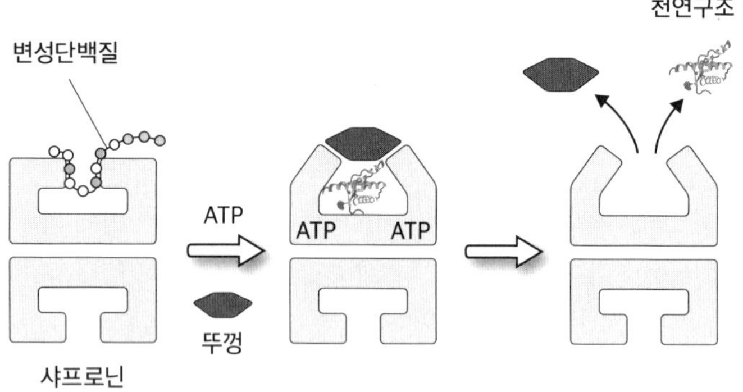

그림 3-20 폴딩을 돕는 샤프로닌의 메커니즘
샤프로닌은 변성단백질을 공동 속에 가둬서 폴딩을 돕고
그후 뚜껑이 떨어지면 갇혀 있던 단백질이 밖으로 나온다

뚜껑을 대신하는 단백질이 결합하면 잡고 있던 변성단백질을 자신의 공동 안에 가둔다. 공동 안에 있으면 주위에 변성된 단백질이 우글거려도 응집될 위험성은 사라진다. 즉 샤프로닌의 '요람' 안에서 변성단백질이 완전히 폴딩할 수 있는 것이다. 그러다가 샤프로닌이 ATP를 분해해 ADP 상태가 되면 놀랍게도 뚜껑이 떨어지면서 그 안에 있던 단백질이 밖으로 나오게 된다.

샤프로닌이 단백질의 폴딩을 돕는다고 하면 혼자의 힘으로는 폴딩을 하지 못하는 단백질을 도와주는 것으로 생각하기 쉽다. 그러나 실제 역할은 그렇지 않다. 단백질은 기본적으로 혼자서 폴딩을 할 수 있는데, 폴딩 도중에 변성단백질이 곁에 있으면 분자끼리 달라붙어 응집되기 때문에 폴딩에 실패하는 것이다. 철이 들기 전에 고약한 무리와 한패가 되어 예전으로 돌아가지 못하는 것과 같다. 그런 상황에서 샤프로닌은 고약한 무리를 만나지 않도록 공동이라는 시설에 격리시키고 본래 혼자서 폴딩을 할 수 있는 단백질의 폴딩을 지켜본다. 샤프로닌은 단백질의 '자아실현'을 지원하기 위해 세포가 준비한 단백질성 장치라고 할 수 있다.

칼럼 8

효모 프리온의 역할

프리온병은 광우병이나 크로이츠펠트 야코프병 등 포유류의 감염성 신경변성질환의 총칭이다. 빵이나 맥주, 포도주 등을 만들 때 사용하는 효모에 프리온이 들어 있다고 하면 깜짝 놀랄지도 모른다. 그러나 안심해도 좋다. 효모의 프리온과 광우병의 프리온은 다르다.

프리온은 '단백질성 감염인자'로 정의된다. 분자 층위에서 어떤 원인으로 생긴 이상 구조의 단백질(이것을 프리온이라고 부른다)이 자기촉매적으로 정상형을 이상형으로 변환시키며 증식하는 것이 프리온의 본질이다(106쪽, 그림 3-19 참고). 이런 프리온의 개념은 원래 포유류의 신경변성질환을 연구하다가 나온 것인데, 병과는 관계가 없더라도 같은 성질의 단백질성

인자가 발견되면 그것도 프리온이라고 부른다.

오래전부터 진행된 효모의 유전학 연구를 통해 복수의 프리온이 발견되었다. 대표적인 효모의 프리온은 Sup35라는 단백질이 아밀로이드가 됨에 따라 발생한다. 효모는 포유류와 달리 매우 단순해 실험하기 좋은 진핵생물이기 때문에 포유류의 프리온으로는 어렵거나 시간이 걸리는 많은 실험을 가능케 했다. 계속된 연구를 통해 효모에는 적어도 10종 정도의 프리온이 될 만한 단백질이 있음이 증명되었다. 또한 포유류의 프리온은 죽음에 이르는 병으로서 두려움의 대상이지만, 효모는 프리온이 되는 편이 생육에 유리한 경우도 있음이 밝혀졌다. 말하자면 프리온이 반드시 골칫거리인 것은 아니다. 프리온은 단백질의 입체구조를 크게 변화시키므로 단백질의 기능을 활성화 또는 비활성화시키는 용도로 사용할 수 있는 가능성이 제시되고 있다.

또한 매우 특수한 것으로 여겨진 프리온이 효모 프리온의 존재를 통해 그 개념이 확장됨에 따라 다른 생물에도 같은 현상이 숨어 있을 것이라고 추측할 수 있다.

4장

생명이 에너지를 얻는 방법

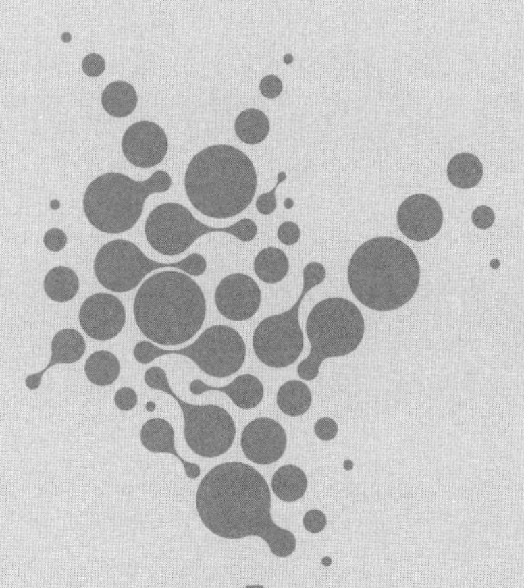

생명이 살아가기 위해서는 항상 에너지가 필요하다. 에너지가 저절로 생성되지 않으므로 세포는 어딘가에서 어떤 방법으로든 에너지를 추출해와야 한다.
그래서 생명은 외부 세계에서 영양소라는 에너지원을 가져와 세포 내에서 에너지를 추출하고 그것을 살아가기 위해 소비한다.
실제 세포 속에서는 굉장히 복잡하게 얽힌 여러 화학반응이 끊임없이 진행되면서 에너지를 추출하는데, 이를 총칭해서 대사라고 부른다.

대사란 무엇일까

1장에서 설명했듯이 생명(세포)이 지닌 공통된 성질 중 하나는 에너지를 지속적으로 만들어내는 것이다. 막으로 둘러싸인 공간에 DNA나 단백질 같은 생명을 관장하는 물질을 무작정 채워 넣는다고 해서 '살아 있는' 상태가 되지는 않는다. 생명이 살아가기 위해서는 항상 에너지가 필요하다. 에너지가 저절로 만들어지지 않으므로 세포는 어딘가에서 어떤 방법으로든 에너지를 추출해와야 한다. 그래서 생명은 외부 세계에서 영양소라는 에너지원을 가져와 세포 내에서 에너지를 추출하고, 그렇게 추출한 에너지를 살아가기 위해 소비한다. 이런 에너지의 흐름이 끊어졌을 때 생명(세포)은 죽음에 이르므로 살아가기 위해서는 에너지를 지속적으로 만들어야 한다.

방금 '에너지를 추출한다'고 간단히 말했지만, 실제 세포 속에서는 굉장히 복잡하게 얽힌 여러 화학반응이 끊임없이 진행되면서 에너지를 추출한다. 이렇게 세포 내에서 일어나는 다양한 화학반응을 총칭

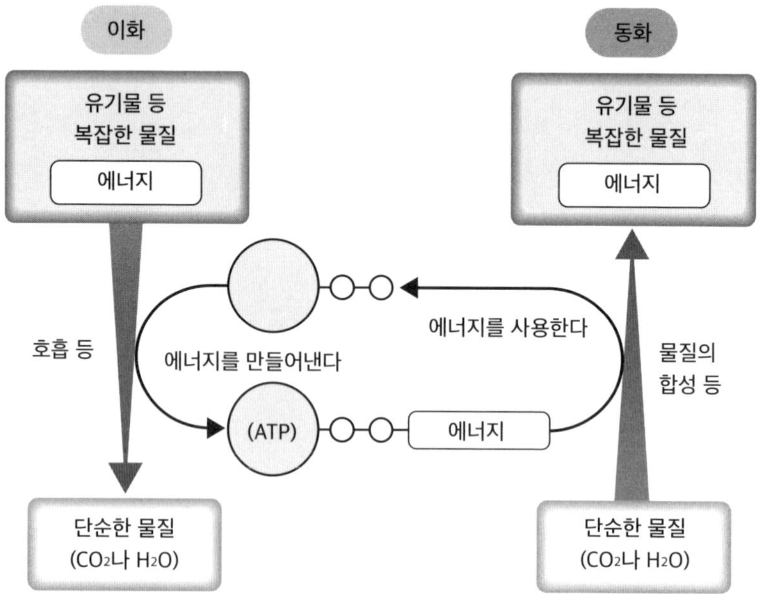

그림 4-1 대사의 커다란 흐름

해서 대사라고 부른다. 대사에는 크게 두 가지 흐름이 있다. 첫째는 영양분이 되는 복잡한 물질(유기물)을 이산화탄소나 물 같은 단순한 물질로 분해하는 '이화異化', 다른 하나는 단순한 물질에서 유기물을 합성하는 '동화同化'다 **그림 4-1**. 이화는 영양분, 즉 에너지원을 분해하면서 세포가 사용하기 편한 에너지를 조금씩 추출해 생명 활동을 유지한다. 한편 동화는 이화를 통해 얻은 에너지를 사용해 세포가 필요로 하는 분자를 합성한다.

여담이지만 대사는 영어로 메타볼리즘Metabolism이라고 한다. 그런데 메타볼리즘이라고 하니 머릿속에 뭔가가 떠오르지 않는가? 그렇다. 메타볼릭증후군(내장지방증후군), 즉 복부 주변에 지방이 쌓이는 이른바 중년 비만은 이 말에서 나왔다. 메타볼릭증후군은 위험하다는 이미지가 있는데, 이것은 대사의 이상에서 유발된 내장지방형 비만이 당뇨병이나 동맥경화증 같은 생활 습관병을 일으킬 때가 많기 때문이다. 그러나 '메타볼릭'이라는 말 자체는 원래 나쁜 의미가 아닐 뿐더러 애초에 대사가 일어나지 않으면 사람은 살지 못한다.

먼저 생명 활동을 유지하기 위해 세포가 대사로부터 어떻게 에너지를 얻는지 살펴보도록 하자.

세포 속에서 진행되는 무수한 화학반응

대사는 매우 복잡하다. 먼저 그림 4-2를 보자. 이는 지금까지 알려진 대사 경로 네트워크의 일부를 나타낸 지도다.[1] 전체적인 모습을 보면 말이 안 나올 정도로 복잡한데, 이 지도의 무수한 선 하나하나가 각

1 KEGG라고 부르는 데이터베이스(http://www.genome.jp/kegg/pathway.html)의 대사 경로 지도에서 발췌한 그림이다.

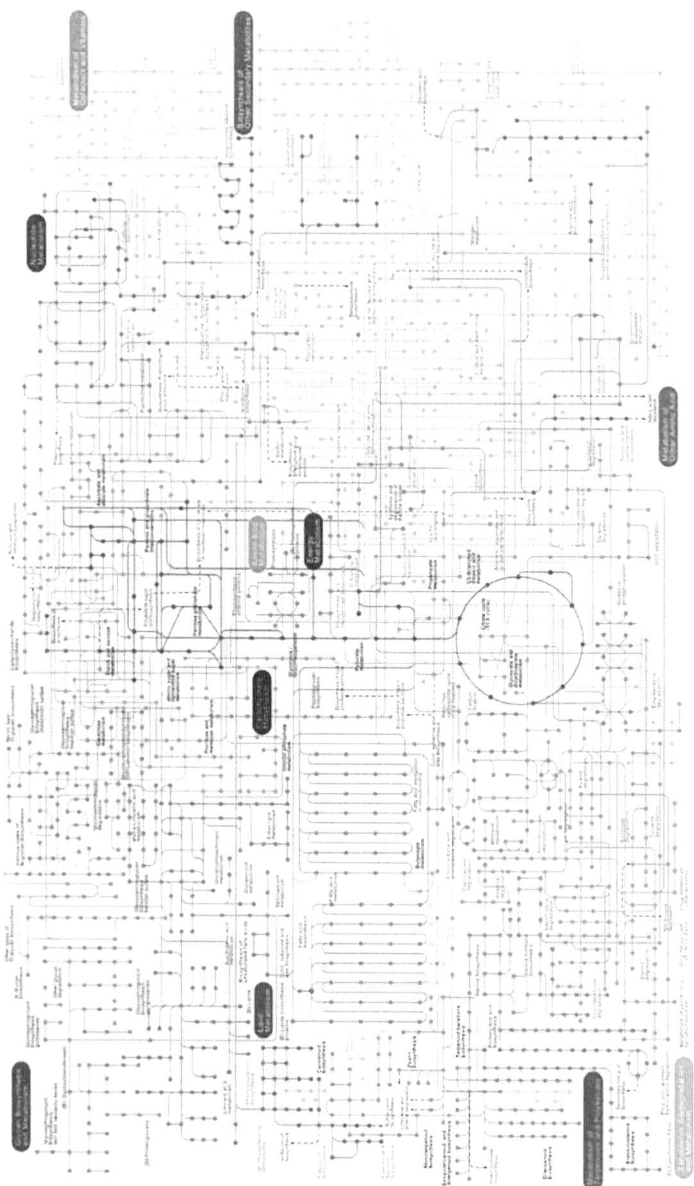

그림 4-2 KEGG 데이터베이스에서 발췌한 인간의 대사 네트워크 예시로
점과 점을 연결하는 선 하나하나가 각각의 화학반응에 대응한다

각의 화학반응에 대응한다. 예를 들어 이당류인 설탕(자당)을 단당류인 포도당과 과당으로 분해하는 경로 중 하나는 알파글루코시다아제 α-glucosidase라는 효소가 촉매로서 반응이 진행되는 것을 돕는 식이다. 원칙적으로는 하나의 경로, 다시 말해 한 가지 화학반응을 하나의 효소가 담당하므로 이 지도 속에 무수히 있는 각각의 화학반응을 돕는 효소는 수백수천 가지나 되는 셈이다. 이 지도를 보면 세포 속에서 일어나는 무수한 화학반응이 연결되어 생명 활동을 유지하고 있음을 알 수 있다.

효소는 화학반응을 진행시킨다

이와 같은 복잡한 대사 네트워크를 관장하는 것이 효소, 즉 단백질성 촉매다. 그런데 왜 효소가 필요할까? 일례로 설탕이 포도당과 과당으로 분해되는 화학반응을 생각해보자. 자당은 포도당과 과당이라는 단당류가 결합한 이당류다. 그림 4-3과 같이 자당이 가지고 있는 에너지는 포도당과 과당을 합친 에너지보다 크다.[2] 달리 표현하면 포도당과 과당이 자당보다 안정적이라는 말이다. 그렇다면 자당을 내버려두면 자연히 포도당과 과당으로 분해가 될까? 높은 에너지 상태의 물질이 낮은 방향으로 진행된다는 생각은 기본적으로 옳지만 실온에서는 자당의 분해가 일어나지 않는다. 그림 4-3의 오른쪽과 같이 자당이 분해되어 포도당과 과당이 되려면 활

2 여기서 말하는 에너지는 화학에너지인데, 높은 위치에 있는 물질일수록 위치에너지가 크듯이 그래프에서 높은 위치에 있는 물질일수록 화학에너지가 크다.

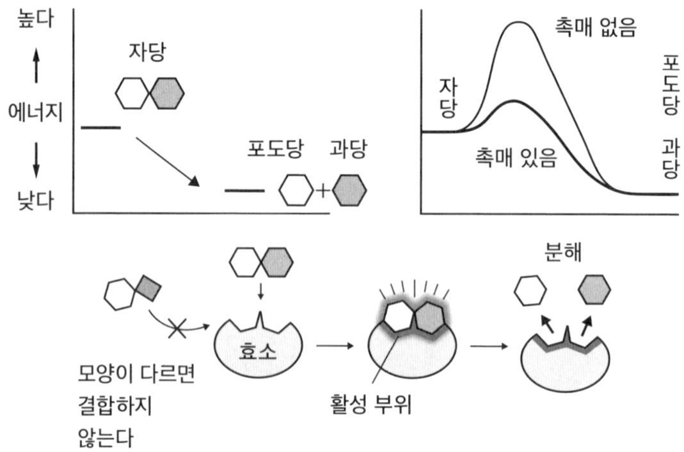

그림 4-3 효소가 화학반응을 돕는 원리
자당이 가지고 있는 에너지는 자당의 구성 성분인 포도당과 과당이 가진 에너지를 합친 것보다 크지만, 자당이 분해되려면 커다란 벽(활성화에너지)을 넘어야 하는데 효소는 이 활성화에너지를 낮춤으로써 반응이 쉽게 진행되도록 돕는다

성화에너지라는 커다란 장벽을 넘어야 하기 때문이다.

이때 분해반응을 돕는 촉매가 있으면 자당은 실온에서도 빠르게 포도당과 과당으로 분해된다. 촉매는 활성화에너지라는 '장벽'의 높이를 낮춤으로써 반응이 쉽게 진행되도록 돕는다. 생체 내 촉매인 효소도 마찬가지다. 효소에는 기질이라고 부르는 반응물질(여기서는 자당)과 특이적으로 결합하는 부위가 있어 이 부위에 기질이 결합하면 화학반응이 원활하게 진행된다. 즉, 효소는 통상적으로 일어나기 힘든 화학반응이 쉽게 진행되도록 돕는 물질이다.

별도의 에너지는 불리한 반응도 진행시킨다

세포 내 복잡한 대사 경로에는 다양한 반응이 존재하는데, 에너지가 높은 쪽에서 낮은 쪽으로 흘러가는 에너지적으로 유리한 경우뿐만 아니라 에너지적으로 불리한 경우도 많이 있다. 그렇다면 에너지가 낮은 쪽에서 높은 쪽으로도 반응이 진행될까? 예를 들어 포도당과 과당에서 자당이 합성되는 흐름 같은 것 말이다.

물론 에너지가 낮은 쪽에서 높은 쪽으로도 반응을 진행시킬 수 있

별도의 에너지를 공역시켜 일단 에너지 상태를 끌어올린다

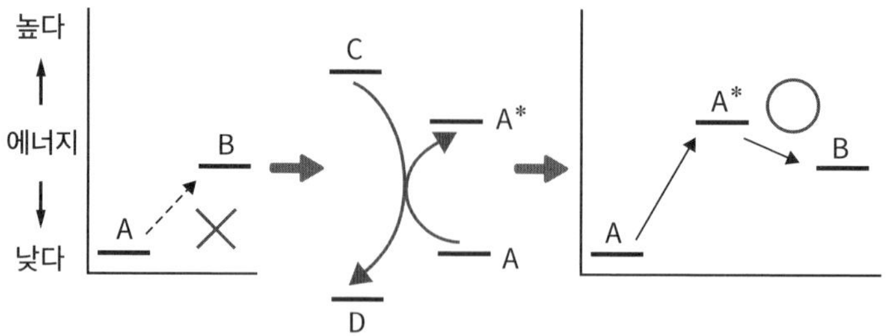

그림 4-4 에너지적으로 불리한 반응을 진행시키는 원리
A보다 에너지 상태가 높은 B로 반응을 진행시키기 위해 외부에서 별도의 에너지를 얻어 A의 에너지 상태를 B보다 높은 상태(A*)로 끌어올리는 방법이 있는데, 이것을 별도의 에너지를 '공역'시킨다고 한다

다. 두 가지 방법이 있는데, 이해하기 쉬운 것은 외부에서 별도의 에너지를 도입하는 방식이다. 그림 4-4와 같이 A에서 B라는 에너지적으로 불리한 상황일 경우, 단순히 촉매만 사용해서는 반응을 B로 향하게 할 수 없다. 그래서 A에 별도의 화학반응을 조합해 A를 B보다 높은 에너지 상태로 만든다. 여기서는 C에서 D로의 반응에서 빼낼 수 있는 에너지를 이용해 A를 A*라는 높은 에너지 상태로 끌어올렸다. 이렇게 하면 A*는 B보다 높은 에너지 상태가 되어 결과적으로 A에서 B로 반응을 진행시킬 수 있다. 이와 같이 A에서 A*로 끌어올리기 위해 별도의 반응(여기서는 C에서 D)을 조합하는 것을 '공역共役'시킨다고 하는데, 이는 대사를 이해할 때 매우 중요한 개념이다.

또 한 가지 방법은 직관적으로 이해하기가 쉽지 않을 텐데, 반응에

관여하는 분자의 농도에 따라서 A에서 B로 변화가 일어날 수 있다. 지금까지의 그림에서는 에너지를 위치의 높낮이만으로 표현했다. 이렇게 하면 직관적이어서 이해하기가 쉽지만[3], 실제 화학반응의 용이성[4]을 생각할 때는 엔트로피Entropy라는 또다른 개념을 가미해야 한다. 엔트로피는 이해하기 어려운 개념인데, 아주 간단히 말하면 분자의 난잡함을 나타내는 지표다. 수많은 분자 혼합물에서 일어나는 화학반응 중에 분자가 A가 되느냐 B가 되느냐는 확률의 문제다. 지금까지 화학반응을 A→B와 같이 일방향성으로 설명했는데, 사실 다수의 분자 집단으로 구성된 화학적 변화의 경우 반응이 진행될 때 A는 사라지고 전부 B가 되는 일은 보통 일어나지 않으며 어떤 비율에서 평형상태가 된다. A에서 B로 바뀐다는 말도 B의 비율이 A보다 커진다, 즉 B>A가 된다는 뜻이다. 이 비율의 변화가 반응의 방향을 의미한다. 그리고 반응의 방향은 반응 자체가 지닌 성질(그림 4-3 등과 같이 위치의 높낮이로 나타낼 수 있는 요소)과 분자 집단의 성질(A와 B의 농도나 온도 등을 가미한 엔트로피적 요소)에 따라 달라질 수 있다. 예를 들어 어떤 조건에서 A와 B의 비율이 아주 조금 A>B로 기우는 반응이 있다고 가정할 때, A의 농도를 높이거나 B의 농도를 낮추면 반응의 방향이 역전되어 A에서 B로 진행될 수 있다.

3 에너지를 위치의 높낮이로 표현하는 것은 엔탈피Enthalpy의 개념이다. 엔탈피는 물질 자체가 지닌 에너지라는 개념으로 이해해도 무방하다.

4 '자유에너지변화'라고 부르며, ΔG라는 척도로 표현한다.

호흡은 대사의 중심

지금까지 본래 잘 일어나지 않는 화학반응을 효소가 돕는 원리를 살펴봤다. 이제 대사의 중심으로 들어가 대사 네트워크를 표현한 그림 4-2를 다시 보자. 무수한 화학반응을 개별적으로 설명하려면 한도 끝도 없으므로 이 책에서는 우리가 잘 알고 있는 생명 활동인 호흡을 예로 들어 대사의 기초를 설명하려 한다. 이 말을 듣고 '호흡도 대사야?'라고 묻는 독자가 있을지도 모르겠는데, 호흡은 생명이 에너지를 얻는 가장 주된 대사 경로다.

무엇을 위해 호흡할까?

호흡에 관해 알아보기에 앞서 먼저 크게 숨을 들이마셔보자.

간단한 질문을 하나 하겠다. 우리는 무엇을 위해 숨을 쉬며 호흡을 하고 있을까?

살기 위해서다. 너무 당연해서 평소에는 신경도 쓰지 않았을 테지만 일반적으로 우리가 생각하는 호흡은 공기 중 산소를 몸속으로 집어넣고 이산화탄소를 내뱉는 행위다. 여기서 한발 더 나아가면 '살기 위해서는 산소가 필요하다'고 말한다. 그렇다면 왜 산소가 필요할까? 이산화탄소는 몸속 어디에서 생겨나는 것일까?

먼저 숨을 쉬어 몸속에 집어넣은 산소의 행방을 살펴보자. 우리가 숨을 들이마셔 폐에 집어넣은 산소는 혈액을 통해 몸속 구석구석에 있는 세포로 운반되는데, 이때 산소분자O_2 자체가 운반되는 것이 아니라 적혈구에 들어 있는 헤모글로빈이라는 단백질에 결합된 형태로 운반된다(3장 참조).

여기부터가 본론이다. 몸속 구석구석에 있는 세포로 운반된 산소는 어떻게 사용될까? 이것이 살기 위해 산소가 필요한 이유로 이어진다. 간단히 말해 산소는 세포가 에너지를 저장하고 있는 영양분(유기물)으로부터 사용하기 편한 형태의 에너지를 효율적으로 추출해내는 화학반응에 쓰인다 **그림 4-5**.

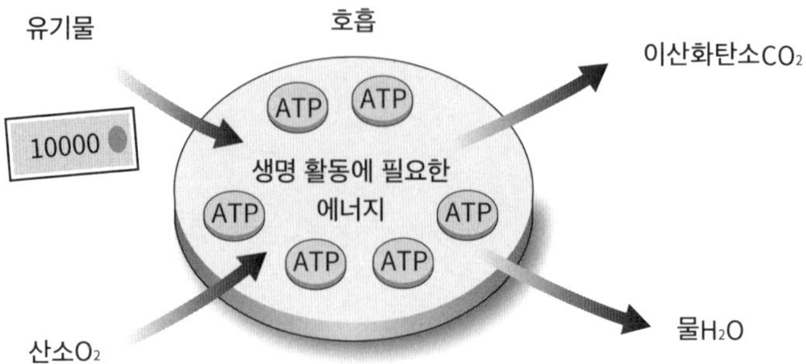

그림 4-5 호흡을 통해 생명에 필요한 에너지를 얻음
유기물이 가진 에너지는 세포 내에서 사용하기에 너무 크므로
세포는 에너지를 작은 단위(ATP)로 만든 다음 사용한다

세포는 큰 에너지 덩어리를 작게 나눈다

세포가 생명을 유지하려면 영양분에서 에너지를 지속적으로 만들어내야 한다. 그런데 녹말이든 설탕이든 영양소로서 섭취하는 유기물은 에너지 덩어리와 같아서 그대로는 사용할 수 없으므로 세포는 큰 덩어리를 작게 부숨으로써 영양소로부터 에너지를 얻는다. 비유하자면 몇백 원짜리 물건을 사기 위해 1만 원짜리 지폐를 100원짜리 동전으로 바꾸는 것과 같다. 세포 안의 에너지도 이와 같아서 큰 에너지 덩어리는 사용하기가 불편하기 때문에 작은 단위로 변환하는 것이다.

호흡으로 에너지를 얻는 3단계

세포가 어떻게 에너지를 추출하는지 살펴보자. 3대 영양소로 탄수화물과 단백질 그리고 지질이 있는데, 대표적 탄수화물인 녹말이 대사되는 모습을 3단계로 나누어 대략적으로 소개하겠다**그림 4-6**.

제1단계 소화 녹말은 포도당이 연결된 거대한 분자다. 먼저 녹말을 작은 단위인 포도당으로 분해(소화)하고 다음 단계로 넘어갈 필요가 있다. 인간은 타액이나 위 속에 있는 효소로 녹말을 포도당까지 소화

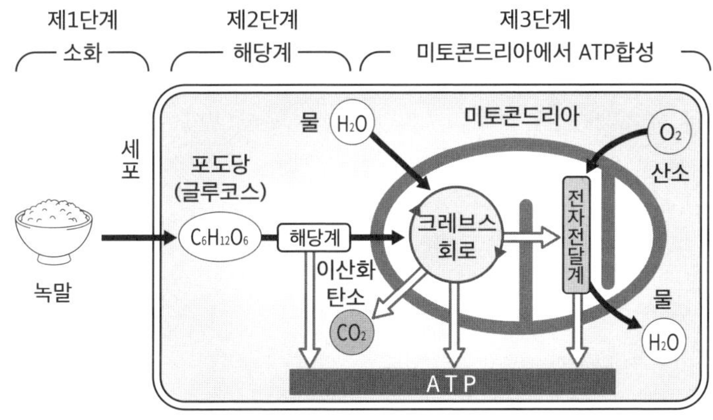

그림 4-6 호흡으로 에너지를 획득하는 메커니즘

하며, 소장에서 몸속으로 흡수한다.

제2단계 해당계 포도당은 해당계解糖系라는 대사계를 통해 분해된다. 해당계는 무려 10단계에 걸친 화학반응으로 구성되는데, 이를 거치면 포도당은 마지막에 피루브산이라는 대사물로 변환된다. 해당계는 세포질에서 일어나는 반응이다. 소화나 해당계의 단계에서는 아직 산소가 필요하지 않다.

제3단계 미토콘드리아에서 ATP합성 해당계에서 생성된 피루브산은 중간적 대사산물로 미토콘드리아에 들어가서 다시 변환된다. 피루브산은 크레브스회로와 전자전달계라고 부르는 에너지 변환 회로를 통해 최종적으로 세포가 사용하기 편한 에너지원인 ATP로 바뀐다.

이때 비로소 산소가 등장한다. 전자전달계라는 회로의 최종 단계에서 산소가 소비되어 물이 만들어진다. 이산화탄소는 크레브스회로에서 발생한다.

탄수화물을 예로 들었지만 다른 영양소인 단백질이나 지질에서 에너지를 얻을 때도 마지막에 미토콘드리아에서 ATP를 만드는 것은 동일하다. 정리하면 세포 층위에서의 호흡은 영양소가 가진 에너지 덩어리에서 ATP라는 사용하기 편한 에너지를 추출하기 위해 산소를 사용하는 대사 경로 중 하나다.

그렇다면 ATP는 어떤 물질일까?

ATP는 에너지의 공통 화폐

ATP는 아데노신삼인산Adenosine triphosphate의 약자다. ATP는 RNA를 구성하는 뉴클레오타이드의 일종이기도 한데, ATP 이외에 GTP, CTP, UTP까지 네 종류의 뉴클레오타이드 가운데 ATP만이 에너지원으로서 특별한 지위를 갖는다.

ATP의 구조를 살펴보면 아데닌 염기와 당인 리보스로 구성된 아데노신이라는 부위에 인산기 세 개가 직렬로 붙어 있음을 알 수 있다 **그림 4-7**. ATP에서 인산이 한 개 떨어져나가 두 개가 된 것을 ADP(아데노신이인산)라고 한다. 이 인산기 사이의 결합[5]에 화학에너지가 저장되어 있다. 말하자면 ADP에 인산을 결합시킬 때는 에너지가 필요하다. 반대로 ATP가 에너지로 사용될 때는 ATP가 지닌 인산 중 한 개가 떨어짐(가수분해된다고 한다)으로써 에너지가 발생한다. 이 'ATP→ADP+인산'이라는 화학반응에서 방출되는 에너지가 세포 속 이곳저곳에서 보편적으로 사용되는 것이다.

5 이 결합을 인산디에스테르 결합 Phosphodiester bond이라고 한다.

앞서 1만 원 지폐를 예로 들며 영양분으로 섭취하는 유기물은 에너지 덩어리여서 사용하기가 불편하다고 말했다. 이를 쓰기 편하도록 환전한 100원짜리 동전이 바로 ATP다. ATP는 세포 내 에너지의 공

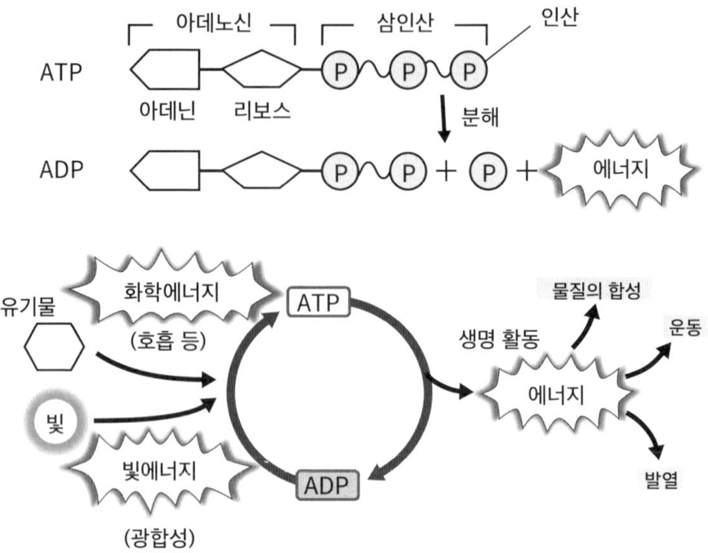

그림 4-7 ATP는 에너지의 공통 화폐

통 화폐로 비유될 만큼 곳곳에서 사용된다. 단순한 대사반응뿐만 아니라 우리가 움직일 때 근육이 수축하는 데 필요한 운동에너지의 원천도 ATP다.[6]

---

6 근육수축은 미오신단백질이 ATP의 에너지를 사용해 구조 변화를 일으킴으로써 액틴단백질상에서 어긋남이 분자 층위에서 일어나는 것이다.

ATP를 직접 섭취할 수 있을까?

ATP가 에너지 물질로서 중요하다면 ATP 자체를 먹으면 되지 않는가 하는 의문도 나올 법하다. 그러나 시중에서 판매되는 건강식품이나 건강보조식품 가운데 ATP가 들어 있는 제품은 찾아볼 수가 없다. 대체 어떻게 된 일일까?

잠시 우리가 살기 위해 하루에 어느 정도의 ATP를 만들고 있는지 계산해보자. 성인에게 필요한 에너지를 하루 2,000킬로칼로리kcal, 그리고 에너지를 ATP로 변환할 때의 효율을 50퍼센트라고 가정하면 1,000킬로칼로리의 ATP가 생긴다. ATP는 1몰mol[7]당 대략 7킬로칼로리의 에너지를 가지므로 1,000(kcal)÷7(kcal/mol)로 계산하면 1,000킬로칼로리의 ATP는 약 140몰이 된다. 그리고 ATP 1몰의 무게는 약 500그램이므로 140몰의 ATP는 140(mol)×500(g/mol)=7만 그램, 즉 무려 70킬로그램에 이른다. 이렇게 보면 우리는 하루 동안 성인

7 1몰은 그 물질의 분자량과 같은 그램의 질량에 들어 있는 분자의 수로 약 6×10^{23}개다. 예를 들어 물은 분자량이 18이므로 물 18그램에는 6×10^{23}개의 물분자가 있는 셈이다. 6×10^{23}이라는 수를 아보가드로수라고 한다.

8 애초에 건강보조식품은 말 그대로 보조적인 식품이므로 에너지의 중심인 ATP가 들어 있다면 결코 '건강보조식품'이라고 할 수 없다.

남성의 몸무게에 맞먹는 수준의 ATP를 만드는 셈이다. 그러므로 수십 킬로그램이나 되는 ATP를 건강보조식품으로 먹는 것은 현실적으로 무리임을 알 수 있다.[8]

게다가 ATP는 끊임없이 소비되며 저장도 거의 되지 않는다. 따라서 세포는 지속적으로 ATP를 만들어야 살아갈 수 있다. ATP는 저장이 불가능하지만 포도당이 중합한 글리코겐(동물)이나 녹말(식물)을 몸속에 저장해놓으면 필요할 때 포도당으로 분해해 ATP를 만들 수 있다.

우리는 항상 불타고 있다?

유기물에서 에너지를 추출하는 간편한 방법은 '불태우는' 것이다. '불태운다'는 것은 화학적으로 보면 물질과 산소가 결합하는 산화酸化 현상이다. 예를 들어 화력발전소에서는 석유 등의 유기물을 태워 열을 발생시키고 그 열을 사용해 전력을 만들어낸다. 이 경우 에너지의 흐름은 '(유기물이 가지고 있는) 화학에너지→열에너지→(증기로 터빈이 회전하는 등의) 운동에너지→(발전기를 통한) 전력'이 된다. 원래의 유기물은 불탄 뒤에 이산화탄소와 물로 바뀐다.

이를 화학반응식처럼 써보면

탄수화물 + 산소 → 이산화탄소 + 물

이 된다.

세포 속에서도 유기물이 '불타서' 에너지를 만들어내는 것과 똑같은 현상이 일어나고 있다. 바로 호흡이다. '뭐? 몸속에서 불이 타고 있다고?'라며 놀랄지도 모르지만, 화학적으로 표현하면 우리 몸속에서 일어나는 호흡은 불태우는 것과 차이가 없다.

이렇게 생각하면 우리는 언제나 '불타오르는' 여자, '불타오르는' 남자인 셈이다. 다만 세포 내에서 '불타는' 구조는 불을 붙여서 태우는 것과는 상당히 달라 여러 단계를 거치며 천천히 타오르게 된다.

호흡은 효율 높은 에너지 생산 시스템

유기물에 불을 붙여 태우면 유기물이 가진 에너지는 단번에 열에너지로 바뀐다. 열은 금방 흩어져 없어지므로 에너지 변환 효율이라는 관점에서 보면 유기물을 태워서 에너지를 얻는 것은 매우 효율이 낮은 방법이다. 그래서 생명은 유기물로부터 효율적으로 에너지를 얻기 위해 에너지를 조금씩 방출하며 최종적으로 ATP라는 화학에너지의 형태로 변환시킨다**그림 4-8**. 이처럼 번거로운 방법을 채택한 것은 단번에 태워서 열로 만들어버리면 에너지 효율의 관점에서 손해기 때문이다.

다만 열 발생이 중요한 경우도 있어서, 신생아나 동면하는 동물에게 많은 갈색지방세포라는 세포는 통상적인 세포보다 고온으로 알려져 있다. 이 갈색지방세포의 경우 짝풀림단백질Uncoupling protein이라고 부르는 단백질이 미토콘드리아에서 발현해 ATP가 생기기 직전 대사 경

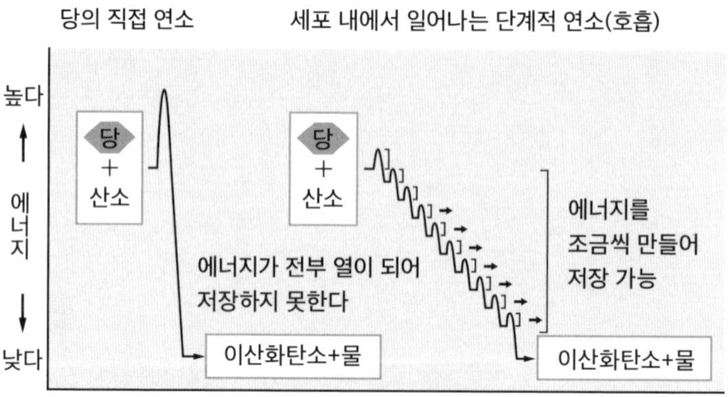

그림 4-8 호흡은 조금씩 태우는 연소다
호흡이란 일종의 산화인데 당을 직접 연소시키면 급격한 산화로 당에 들어 있는 화학에너지가 열이 되어 방출되기 때문에 흩어져서 없어지지만, 생물의 호흡은 당을 단계적으로 조금씩 산화시키며 에너지를 조금씩 ATP의 형태로 얻는다

로를 무효로 만든다. 이 짝풀림단백질 때문에 ATP가 되어야 할 에너지가 열로 바뀌는 것이다.

산소 없이도 살아갈 수 있는 생물

우리가 살아가기 위해서는 반드시 산소를 사용하는 호흡을 해야 한다. 이와 같이 생존에 산소를 필요로 하는 생물을 호기성생물好氣性生物이라고 한다. 한편 살아가는 데 산소가 필요하지 않은 생물도 있는데 그런 생물을 혐기성생물嫌氣性生物이라고 한다. 혐기성생물은 대부분 박테리아나 효모 등의 미생물이다. 혐기성생물이 산소 없이 유기물에서 ATP의 에너지를 얻는 메커니즘은 다양한데, 그중에서 우리 생활과 가장 관계가 깊은 효모를 살펴보자**그림 4-9**.

앞서 호흡을 설명하면서 제2단계인 해당계에서는 산소가 필요 없다고 이야기했다. 그곳에서는 설명을 생략했지만 사실은 해당계에서도 ATP가 조금 합성된다. 해당계에서 만들어지는 ATP는 미토콘드리아에서 만들어지는 ATP의 5퍼센트 정도밖에 안 되지만, 혐기성생물은 이 해당계에서 만들어지는 ATP에 의존해 살아간다. 이와 같이 혐

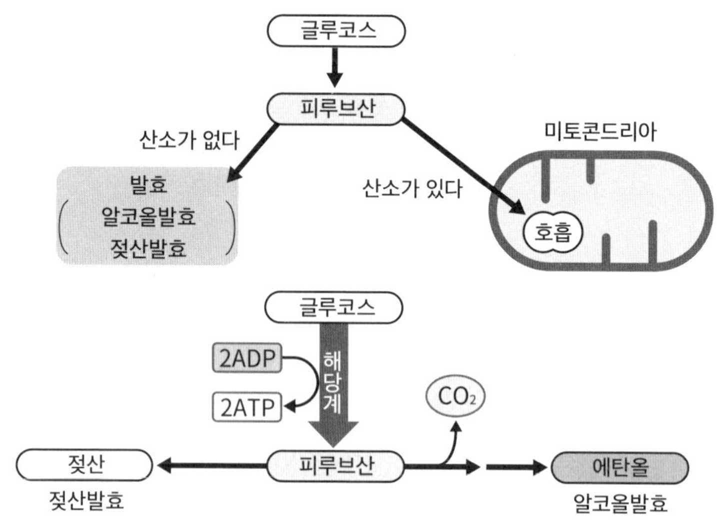

그림 4-9 발효는 산소가 없는 환경에서 에너지를 획득하는 수단
산소가 없는 곳에서는 발효로 ATP의 에너지를 얻을 수 있는데
그 과정의 부산물로 알코올이나 젖산 등이 생겨 술이나 음식에 활용된다

기성 조건에서 유기물을 분해해 에너지를 얻는 과정 전반을 발효라고 부른다.

식생활에 꼭 필요한 발효

발효는 맥주와 포도주 등의 술이나 청국장, 간장, 된장, 김치 등의 발효식품을 통해 우리와 친숙한 용어다. 맥주나 빵을 만들 때 사용하는 효모균(이스트)의 내부에서는 포도당(글루코스) 등의 유기물이 해당계에서 만들어지는 피루브산을 거쳐 에탄올과 이산화탄소로 대사된다. 발효 덕분에 우리가 맥주나 포도주 같은 술을 즐길 수 있는 것이다. 발효 과정에서 생기는 이산화탄소도 잊어서는 안 된다. 맥주에 거품을 내고 빵 반죽을 부풀어 오르게 하는 것은 발효로 발생한 이산화탄소 덕분이다.[9]

발효에는 여러 종류가 있으며 젖산균(유산균)에서는 피루브산이 젖산으로 대사된다. 요구르트나 김치는 젖산균발효의 산물이다. 김치가 오래되면 시큼한 맛이 나는 것은 발효가 진행되어 젖산이 쌓이기 때문이다.

9 효모균을 넣은 빵 반죽이 부풀어 오를 때 일어나는 발효와 맥주 등 술을 만들 때 발생하는 발효는 같은 것이다. 그러므로 빵이 부풀어 오를 때도 에탄올이 생긴다. 다만 소량이고 빵을 구울 때 알코올이 날아가버리기 때문에 깨닫지 못할 뿐이다.

광합성
에너지의 원천은 태양에너지

호흡이든 발효든 ATP를 합성하는 원천이 되는 것은 유기물이 가진 화학에너지다. 그렇다면 모든 생물이 필요로 하는 유기물의 근원은 무엇일까? 바로 태양에서 오는 에너지다. 태양에서 나오는 빛에너지는 식물의 광합성을 통해 유기물이라는 화학에너지로 변환되어 생명의 에너지원이 된다.

광합성은 식물세포 내에 있는 엽록체라는 오르가넬라에서 진행된다.[10] 광합성은 빛에 구동되는 일련의 반응으로 크게 두 가지 경로로 나눌 수 있다**그림 4-10**. 첫째는 태양에서 오는 빛에너지가 ATP 등의 화학에너지로 변환되는 명반응明反應이다. 엽록체 속에 있는 엽록소(클로로필)라는 색소와 막단백질이 명반응을 담당해 최종적으로 ATP 등을 합성한다. 이때 중요한 점은 빛으로 활성화된 엽록소가 물을 분해해 전자를 추출하고 부산물로 산소를 발생시킨다는 것이다. 인간과 같은 호기성생물이 산소를 사용할 수 있는 것은 식물이 광합성을 통해 대기 중에 산소를 발생시켜 준 덕분이다.

10 광합성은 진핵생물의 경우 식물의 엽록체 속에서 진행되지만, 진화적으로는 광합성을 하는 박테리아(광합성세균)가 출현한 것이 그 시초다.

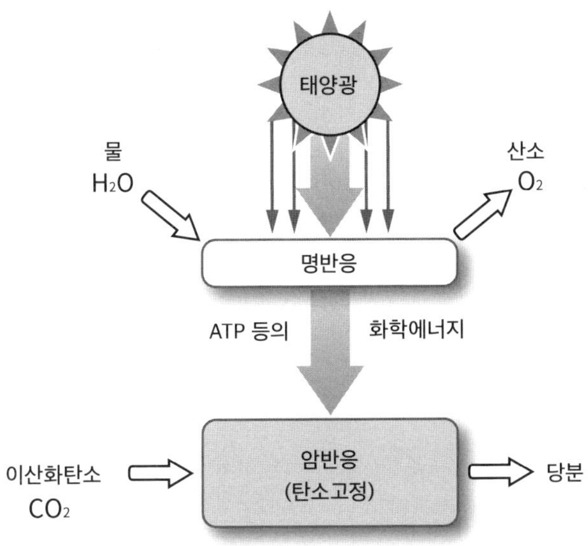

그림 4-10 식물은 빛에너지를 유기물로 변환시키는데 광합성으로 합성되는 유기물의 탄소원은 이산화탄소이며 광합성반응 덕분에 산소가 발생한다

또 한 가지 반응은 직접적으로 빛을 사용하지 않는 암반응暗反應인데, 명반응으로 합성된 ATP 등의 화학에너지를 바탕으로 당분에 이산화탄소를 집어넣는다. 이산화탄소 속 탄소가 유기물에 들어가기 때문에 탄소고정반응이라고도 부른다. 우리가 살아가기 위해 필요한 유기물의 근원은 이산화탄소 속 탄소라고 할 수 있다.

대사계의 진화

호흡과 발효, 광합성의 개요를 서술했다. 생명이 에너지를 얻기 위한 대사계는 이 세 가지로 집약되므로 생명이 에너지를 획득하는 방법 전부를 대략적으로 살펴본 셈이다. 이번에는 이 세 가지의 관계에 대해 생각해보자.

산소를 사용하는 호흡은 발효에 비해 매우 효율적으로 ATP를 만들 수 있지만, 최초의 생명이 35억 년 전에 출현한 뒤 10억 년이 넘는 시간이 지날 때까지 지구의 대기에는 산소가 없었다. 즉 생명이 탄생한 이래 한참 동안 이 세상에는 에너지 생산을 발효에 의존하는 혐기성 생물밖에 없었다는 이야기다. 그러다 광합성을 하는 박테리아가 출현해 산소를 발생시켰고, 그 결과 대기 중에 산소 농도가 높아지면서 산소호흡을 하는 박테리아가 탄생한 것으로 추정된다. 그렇다면 결국 다세포생물로 진화하기 위해서는 ATP합성 효율이 압도적으로 높은 산소호흡이 필요했다고 말할 수 있지 않을까?

5장

DNA
생명의 설계도

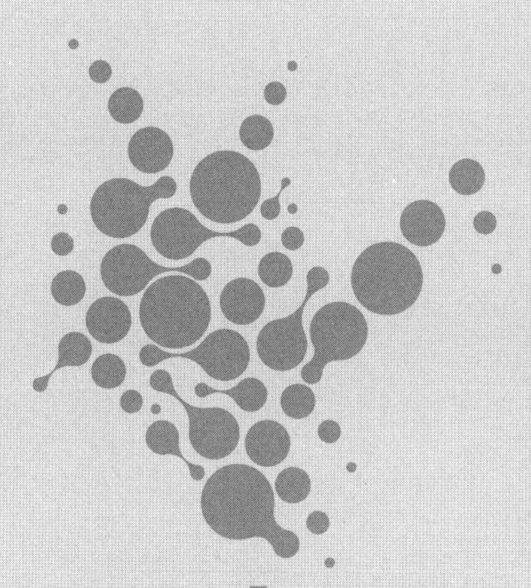

생명의 공통 성질 가운데 하나는 복제되고 증식한다는 것이다. 다시 말하면 세포의 복제와 증식은 생명의 필수 성질이다. 세포가 복제되고 증식하지 않는다면 현재 지구상에 존재하는 수백만 종의 생물은 탄생하지 못했다. 좀더 엄격하게 말하면, 완벽하게 똑같은 세포로 정확하게 복제되어서는 새로운 생물종이 탄생하지 못한다.

오랜 세월 수없이 복제되는 과정에서 아주 조금씩 오류, 즉 변이가 발생하고 이것이 축적되어 어딘가에서 다른 생물종이 탄생하는 것이 진화고, 이는 생명 다양성의 원천이다.

생명이라면 복제되어 증식한다

지금까지 막에 둘러싸인 세포 속에서 단백질이라는 기능분자가 에너지를 지속적으로 만드는 메커니즘에 관해 설명했다. 앞에서 정의한 생명의 세 가지 성질 가운데 두 가지, 즉 '막'과 '에너지'를 설명했다고 할 수 있다. 그렇다면 생명에 공통되는 성질 중 나머지 하나가 무엇이었는지 기억하는가? 바로 '복제하면서 증식한다'는 것이다.

복제와 진화

지금 살아 있는 생물 개체만 생각한다면 굳이 복제해서 증식하지 않더라도 '살아 있다'고 할 수 있지 않는가 하는 의문이 들 것이다. 물론 그렇기는 하지만, 인류를 포함해 현재 지구상에 존재하는 다양한 생명을 생각하면 복제와 증식은 생명의 필수 성질 중 하나다.

극단적인 예를 가정해서 '복제'가 생명에 얼마나 중요한지 생각해보자. 아주 먼 옛날 막에 둘러싸여 지속적으로 에너지를 만드는 '세포'가 기적적으로 딱 하나 탄생했다. 복제되거나 증식하지는 않지만 그렇다고 죽지도 않는, 말하자면 영원한 생명을 부여받은 '불로불사'의 세포다. 그렇다면 이 세포는 지금까지도 '살고 있을지' 모르지만 처음에 탄생했을 때와 똑같은 모습 그대로 혼자 계속 존재할 뿐이다. 이 세포에게서 현재 지구상에 존재하는 수백만 종에 이르는 생물종은 탄생하지 못했을 것이다.

현재 지구상에 살고 있는 생물종은 생명의 기원으로 탄생한 세포가 복제되고 증식해왔기에 다양해질 수 있었다. 좀더 엄밀히 말하면, 완전히 똑같은 세포로 정확하게 복제되기만 해서는 새로운 생물종이 탄생하지 못한다. 오랜 세월에 걸쳐 수없이 복제되는 과정에서 아주 조금씩 오류가 발생하고 이 오류가 축적되어 어딘가에서 다른 생물종이 탄생하는 것이 '진화'며, 이는 생명 다양성의 원천이다. 생명의 진화는 인류의 뿌리를 알기 위해서도 흥미로운 현상인데, 진화가 어떻게 일어나는지를 배우기 전에 먼저 생명이 어떻게 증식해가는지에 관해 알아둘 필요가 있다.

최초의 세포가 탄생한 지 약 38억 년이라는 세월 동안 생명은 끊임없이 증식해왔다. 정신이 아득해질 정도로 긴 시간 동안 생명은 무엇을 증식시켜왔을까? 바로 뒤이어 설명할 유전자다.

유전자는 자식에게 계승된다

현재 지구에는 수백만 종의 생물이 있으며 증식하는 방법도 가지가지인데, 인간은 인간에게서만 태어나는 식으로 같은 종 안에서 증식한다. 또한 같은 인간이라고 해도 겉모습 등에 개인차가 있지만 부모와 자식은 많은 부분을 닮는다. 이렇게 생물의 종류에 따라 규정되는 특징(형질이라고 부른다)이 부모에서 자식으로 전해지는 현상을 유전이라고 하며, 형질을 결정하는 요소를 유전자라고 부른다. 인류는 옛날부터 경험적으로 부모와 자식이 닮음을 알고 있었지만, 실제로 부모에서 자식으로 무엇이 계승되는지는 알지 못했다. 유전자의 실체는 20세기 중반에 밝혀지기 전까지 수수께끼에 싸여 있었다.

유전자의 정체는 DNA 이중나선

생명과학이 급속히 진전된 시기는 20세기 중반이다. 20세기 전반까지만 해도 세포 내 단백질이 유전자의 분자적인 실체라는 설이 주류였지만 20세기 중반에 DNA가 유전자의 실체임이 최종적으로 밝혀졌다. 그러나 부모와 닮은 자식이 태어나는 유전의 비밀에 관해서는 아직 제대로 알지 못했는데, 1953년 왓슨과 크릭이 DNA 이중나선 모델을 '발견'[1]함에 따라 이 비밀에 가까이 다가가게 되었다.

1 왓슨과 크릭이 실제로 실험을 해서 DNA 이중나선 구조를 발견한 것은 아니다. 다른 사람들의 연구 성과를 바탕으로 토론을 거듭한 끝에 DNA는 이중나선 구조일 것이라는 결론을 내리고 이중나선 모델을 논문에 '제시'한 것이다.

먼저 DNA 이중나선 구조를 설명한 다음 이 모델로 해결한 유전의 본질에 관해 살펴보도록 하겠다.

1장에서 잠시 설명했듯 DNA는 뉴클레오타이드라는 단위로 연결된 사슬 모양 분자다. 뉴클레오타이드는 당, 인산, 염기로 구성되어 있는데 사슬처럼 연결되려면 당과 인산만으로 충분하다. 그러나 당과 인산의 사슬만으로는 실제 DNA가 구성하는 이중나선이 되지 않는다. 뉴클레오타이드의 또 한 가지 부품인 염기가 사슬에서 뻗어나와 다른 사슬에서 뻗어나온 염기와 연결됨으로써 두 개의 DNA 사슬이 한 묶

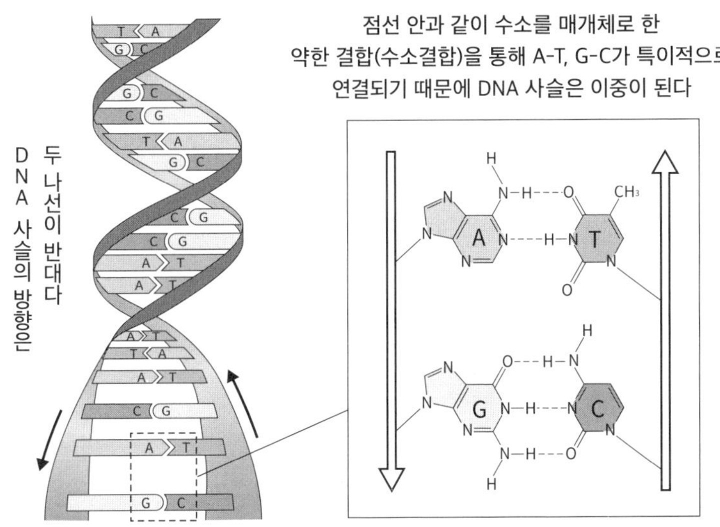

그림 5-1 DNA 이중나선 구조

음이 되어 나선을 형성한다**그림 5-1**.

염기에는 A, T, G, C 네 종류가 있다. DNA를 설명하면서 뉴클레오타이드며 인산이며 귀에 익지 않은 용어를 많이 썼는데 사실은 이 A, T, G, C 네 문자만 기억하면 이해하기에 충분하다. 또 한 가지 기억해둘 점은 이 네 문자가 A와 T, 그리고 G와 C라는 안정된 두 쌍의 조합으로 나뉜다는 것이다. A-T, G-C라는 결합(수소결합)이 매우 안정적이기 때문에 한쪽 사슬의 어떤 위치가 A라면 다른 쪽 사슬의 그 위치에는 반드시 T가 배치되며, 한쪽이 G라면 다른 한쪽에는 C가 온다. 이와 같은 A와 T, G와 C의 관계를 염기상보성이라고 부른다. 이 관계에 따라 DNA 이중나선은 한쪽 사슬의 ATGC배열(염기배열)이 결정되면 다른 쪽 염기배열도 일의적으로 결정된다.

DNA 구조와 유전의 메커니즘

왓슨과 크릭이 발견한 DNA 이중나선 구조는 20세기 최대의 발견으로 평가받기도 한다. 이것이 왜 그렇게 중요할까?

생물이 증식한다는 것을 달리 말하면 '세포의 복제'라 할 수 있다. 인간처럼 성性이 구분되어 있어서 유전자가 섞이는 경우가 아니라 박테리아처럼 같은 세포가 분열해 증식하는 경우를 생각하면 기본적으로 어버이의 세포가 두 개로 분열되어 복제된다. 새로 생긴 세포를 편의적으로 '딸세포'라고 부르는데, 이 경우 딸세포는 모세포와 같은 유전자가 복제되어 증식한다.[2] 다시 말해 유전에는 어버이의 DNA정보를 정확히 복제해 다음 세대로 전하는 메커니즘이 필요하다.

왓슨과 크릭은 DNA가 염기상보성에 의존한 이중나선이라면 이 구조 자체가 유전

2 완전히 똑같은 세포 집단을 클론Clone이라고 한다. 세포가 아니라 DNA분자나 개체가 완전히 똑같은 경우에도 클론이라고 부른다.

자 복제에 적합하며 자손에게 유전정보를 올바르게 전달하는 분자적인 기반이 됨을 깨달았다. 이는 무슨 의미일까?

DNA 이중나선을 사용해 똑같은 것을 복제할 수 있는 원리를 조합이 정해져 있는 블록을 예로 들어 생각해보자. 그림 5-2와 같이 A, T, G, C 네 가지 블록이 빼곡하게 나열된 두 줄을 DNA 사슬이라고 가정하고 이것과 완전히 똑같은 것을 두 개 만들어보자. 먼저 이를 한가운데에서 뜯어 둘로 나눈다. 그리고 여기에 A-T, G-C의 규칙을 바탕으로 새 블록을 끼워 넣는다. 그러면 원래와 똑같은 블록의 줄이 두

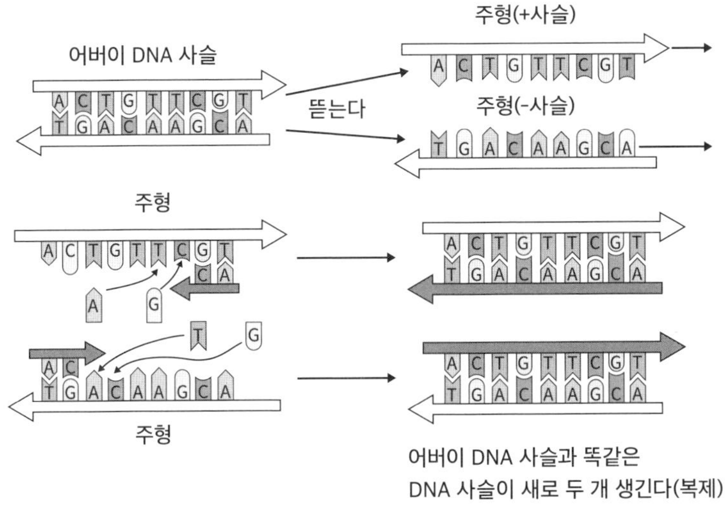

그림 5-2 DNA 이중나선 구조를 바탕으로 한 복제 기구

개 생긴다. 바로 이것이 DNA 이중나선을 바탕으로 원래의 것과 똑같은 DNA를 복제하는 메커니즘이다. 여기서 이중나선이 풀린 두 개의 사슬을 '복제주형鑄型'이라고 한다. 이와 같이 DNA 이중나선이 복제되는 메커니즘을 생각하면 DNA가 정확히 복제되어 부모에서 자식으로 전해지는 기본 원리를 이해할 수 있다.

유전자는 정보분자

DNA가 정확히 복제되는 원리를 알아봤다. 그런데 ATGC 네 문자가 나열된 DNA를 복제하는 일이 왜 그렇게 중요할까? 간단히 설명하면 DNA에는 단백질의 아미노산배열 정보가 각인되어 있기 때문이다.

3장에서 설명했듯이 단백질의 기능은 아미노산배열에 의존한다. 그리고 그 아미노산배열을 결정하는 것이 DNA에 나열된 ATGC의 순서, 즉 DNA의 염기배열이다. 달리 표현하면 DNA의 염기배열이 바로 단백질의 설계도인 셈이다.

DNA의 설계도를 바탕으로 단백질이 만들어지는 과정은 모든 생물에 공통되는데, 이는 생명의 센트럴 도그마(중심 원리)라고 불리는 매우 중요한 개념이다 **칼럼 9**. 이 과정을 순서대로 살펴보자.

(1) 전사 — DNA의 필요한 부분을 RNA로 복사한다

단백질이 DNA에서 직접 만들어지는 것은 아니다. DNA의 필요한 부분을 RNA라는 핵산분자로 복제해 사용한다. 이 사본을 뜨는 과정을 전사라고 하며 RNA 폴리메라아제Polymerase라는 효소가 사본을 만든다**그림 5-3**. 비유하자면 DNA는 생명에 매우 중요한 설계도이므로 평소에는 금고에 잘 보관해두고 RNA로 사본을 준비해서 필요할 때 그 사본으로 단백질을 만드는 것이다. 사본을 뜰 때 사용하는 RNA는

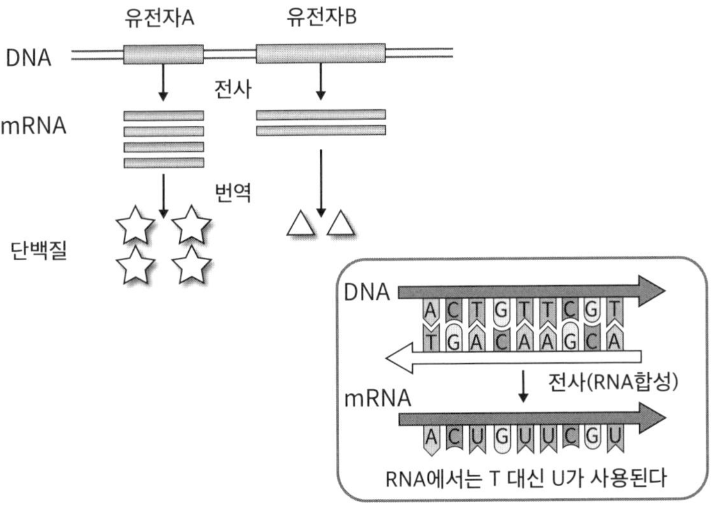

그림 5-3 전사는 DNA의 사본을 뜨는 과정

핵산의 일종으로 구조는 DNA와 똑같다. 전사로 만들어진 RNA를 좀 더 정확히는 전령(메신저)RNA, 줄여서 mRNA라고 부른다. RNA의 염기도 네 종류지만 DNA의 T(티민) 대신 U(유라실)라는 염기가 사용되기 때문에 AUGC가 된다. DNA의 ATGC와의 상보관계는 DNA의 T가 U로 바뀔 뿐 나머지는 똑같다. 즉 DNA의 A→RNA의 U, DNA의 T→RNA의 A, DNA의 G→RNA의 C, DNA의 C→RNA의 G가 된다.

(2) 코돈 — DNA배열과 아미노산배열의 대응

DNA가 중요한 것은 DNA배열이 단백질의 아미노산배열과 일대일로 대응하기 때문이다. 다음과 같은 DNA배열이 있다고 가정하자.

ATGTGCCTTATTTACGAA

이것을 세 개씩 끊으면 다음과 같다.

ATG TGC CTT ATT TAC GAA

이 세 문자열 하나하나가 아마노산 한 개에 대응한다. 예를 들어 ATG라고 나열된 세 문자의 유닛은 메싸이오닌이고, TGC는 시스틴에 대응한다. 이와 같이 아미노산에 대응하는 세 문자의 염기배열을 코돈Codon이라고 부른다. 특정 세 문자가 어느 아미노산에 대응하는지는

DNA 이중나선 구조가 해명된 뒤인 1960년대에 코돈표**그림 5-4**라는 것이 작성되었다.[3] 코돈표를 바탕으로 앞에서 예로 든 18염기배열을 아미노산에 대응시키면 다음과 같이 된다.

3 이 책의 코돈표는 DNA를 대응시키는 데 사용했기 때문에 T를 썼다. 그러나 실제 세포 내에서는 DNA에서 직접 단백질로 변환되는 것이 아니라 RNA(mRNA)의 염기배열이 단백질로 변환되기 때문에 표준적인 코돈표에서는 일반적으로 T 대신 U를 사용한다. 그럴 경우 개시 코돈은 ATG가 아니라 AUG가 된다.

첫 번째 염기	두 번째 염기: T	C	A	G	세 번째 염기
T	TTT TTC } 페닐알라닌 TTA TTG } 류신	TCT TCC TCA TCG } 세린	TAT TAC } 타이로신 TAA TAG } 종결 코돈	TGT TGC } 시스틴 TGA 종결 코돈 TGG 트립토판	T C A G
C	CTT CTC CTA CTG } 류신	CCT CCC CCA CCG } 프롤린	CAT CAC } 히스티딘 CAA CAG } 글루타민	CGT CGC CGA CGG } 아르지닌	T C A G
A	ATT ATC ATA } 아이소류신 ATG 메싸이오닌(개시)	ACT ACC ACA ACG } 트레오닌	AAT AAC } 아스파라진 AAA AAG } 라이신	AGT AGC } 세린 AGA AGG } 아르지닌	T C A G
G	GTT GTC GTA GTG } 발린	GCT GCC GCA GCG } 알라닌	GAT GAC } 아스파트산 GAA GAG } 글루탐산	GGT GGC GGA GGG } 글라이신	T C A G

그림 5-4 코돈표

본래의 코돈표는 RNA배열(mRNA)을 기준으로 만들어졌기 때문에 위의 'T'가 전부 'U'로 되어 있어서, 예를 들어 ATG(메싸이오닌)가 실제 RNA에서는 AUG가 된다

ATG - TGC - CTT - ATT - TAC - GAA

메싸이오닌 시스틴 류신 아이소류신 타이로신 글루탐산

이와 같은 여섯 개의 아미노산배열에 대응한다.

또한 코돈에는 아미노산의 할당 이외에도 특수한 역할이 있다. DNA배열은 ATGC 문자열이 길게 이어지기 때문에 이 문자열 가운데 어디부터 어디까지가 단백질의 아미노산배열인지 특정할 필요가 있다. 그래서 생명은 ATG를 단백질합성의 개시 코돈으로 TAA, TAG, TGA를 단백질합성을 멈추는 종결 코돈으로 할당했다. ATG는 메싸이오닌의 코돈이기도 한데, 종결 코돈 세 개는 아미노산이 할당되지 않은 코돈이다. 예를 들어 다음과 같은 DNA배열을 살펴보자.

…GGTTCCATGCCAGGAAGCATGTAAGCGAAATCG…

이 경우 다음과 같이 구분 짓게 된다.

…GGTTCC | ATG-CCA-GGA-AGC-ATG-TAA | GCGAAATCG…

음영을 준 부분을 번역틀이라고 한다. 번역틀 중간에 나오는 ATG는 메싸이오닌이므로 이 번역틀을 아미노산배열로 바꾸면 다음과 같은 배열이 된다.

메싸이오닌 - 프롤린 - 글라이신 - 세린 - 메싸이오닌 - 종결 코돈

그런데 코돈은 몇 가지나 있을까? ATGC를 알파벳처럼 문자라고 생각하고 A, T, G, C 네 문자 중에서 세 문자를 만드는 '경우의 수'를 생각하면 코돈은 64가지(4의 세제곱[4^3=64])가 된다. 아미노산이 20종이므로 64가지 코돈으로 충분하다. 정확히 말하면 남아돈다. 실제로 아미노산에 따라서는 복수의 코돈이 같은 아미노산을 중복 지정하는 경우가 있으며, 이와 같은 중복을 코돈의 축퇴라고 부르기도 한다. 그러나 DNA 2염기로 아미노산을 지정하면 코돈은 16가지(4의 제곱[4^2=16])이므로 20종의 아미노산을 지정하기에는 부족하다.

(3) 번역 — RNA를 사용해 단백질을 합성

DNA정보가 단백질이 되는 마지막 과정은 '번역'이다. mRNA의 m은 메신저의 m으로, DNA정보를 리보솜이라는 단백질합성 장치에 전달하는 역할을 맡는다. 리보솜과 mRNA가 결합하면 리보솜에서 mRNA 속 코돈이 순서대로 해독되면서 대응하는 아미노산이 연결되어 단백질이 된다**그림 5-5**. 이때 실제로 mRNA의 코돈을 읽고 번역하는 것은 다른 종류의 RNA분자인 운반(트랜스퍼)RNA, 줄여서 tRNA라는 분자다. 리보솜에 아미노산을 운반하는 일을 하기 때문에 tRNA라는 이름이 붙었다. 리보솜은 번역 과정에서 중심이 되는 분자로 단백질과 RNA로 구성되어 있으며, 세포 중에서 가장 거대한 복합체라

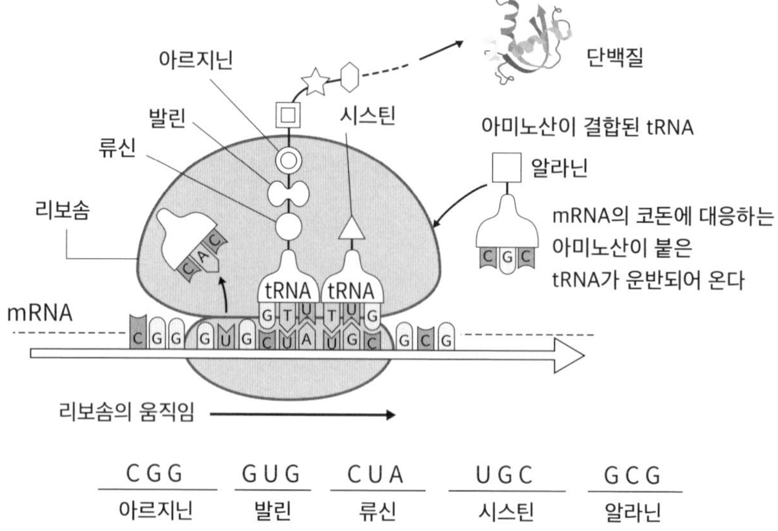

그림 5-5 리보솜에서 단백질이 합성되는 메커니즘

고 해도 과언이 아니다.

번역이라는 용어는 ATGC로 구성되는 네 문자의 DNA 언어 체계가 아미노산배열이라는 단백질의 언어 체계로 변환된다고 해서 붙여졌다. 다만 일반적인 번역은 한국어에서 일어, 일어에서 한국어와 같이 양방향 번역이 가능하지만 생명과학의 번역은 DNA에서 단백질의 방향으로만 번

4 RNA에서 DNA로 흐르는 반대 방향의 흐름은 있으며 이것을 역전사라고 부른다. DNA 대신 RNA를 사용하는 바이러스는 실제로 증식을 할 때 RNA에서 DNA라는 역전사를 사용한다.

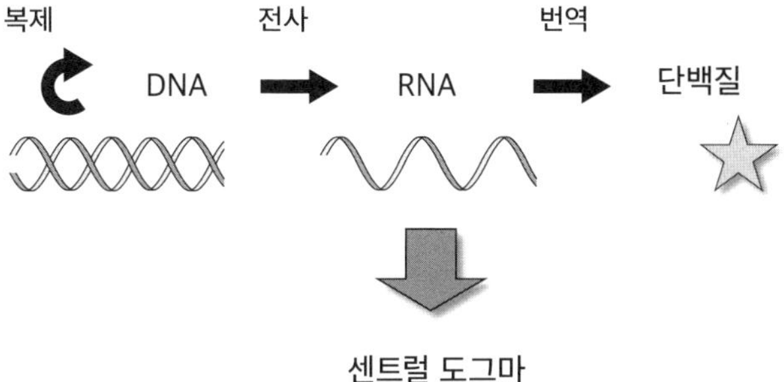

그림 5-6 생명의 센트럴 도그마

역이 되며 반대 방향의 번역은 없다.[4]

이와 같이 DNA의 염기배열 정보는 RNA를 경유해 단백질을 만들어내는 데 사용한다. 이런 생명과학의 일방향성 정보 흐름을 센트럴 도그마라고 부르며, 이는 모든 생명에 공통되는 체계다**그림 5-6**.

DNA → RNA → 단백질

생명의 비밀은 끈에 있다

생명을 관장하는 원천은 DNA의 끈이다. DNA정보는 일의적으로 RNA, 나아가서는 단백질로 흘러들어가므로 단백질도 끈이 되는 셈이다. 여기서 생명의 중요 분자인 DNA가 끈인 이유는 결국 복제하기에 편해서다.

DNA는 문자 정보이므로 읽어들여서 쉽게 전할 수 있다. A, T, G, C, T, A, G…. 그런데 만약 DNA가 분기되는 구조물이라면 어떻게 될까? 그림으로 그릴 수는 있어도 간단한 방법으로 읽어들이기는 어려울 것이다. 달리 말하면 끈 모양의 문자열 정보는 복제에 매우 적합하다는 것이다. 인류가 만들어낸 컴퓨터의 세계도 마찬가지다. 우리 눈에는 보이지 않지만 컴퓨터 내부에서는 문자 정보가 정보처리를 담당한다. 게다가 0011010101000110001010 11…과 같이 0 아니면 1밖에 없는 이진법 문자열의 세계다.

DNA에서 단백질로 정보에서 기능으로

생명에서 DNA는 '정보'를 전달하는 중요 분자다. 이 정보를 받아서 실제로 '기능'하는 일꾼은 단백질이며, 생명의 2대 중요 분자인 DNA와 단백질은 각각 '정보'와 '기능'을 담당하는 방식으로 명확히 역할 분담을 하고 있다.

DNA의 역할을 정리해보자. DNA가 중요한 이유는 개개의 생물종이 지닌 독자적 DNA배열의 정보를 바탕으로 세포 내 단백질 종류가 규정된다는 것과 그 DNA정보가 정확히 복제되어 자손에게 계승된다는 것, 이 두 가지로 집약할 수 있다.

DNA의 복제 오류

복제란 원본과 똑같은 사본을 만드는 것이다. 실제로 DNA의 복제 시스템은 매우 정밀해서 거의 실수를 하지 않는다. 그러나 아주 드물게 복제 오류가 발생해서 DNA의 염기배열에 변화(변이라고 부른다)가 일어난다. '아주 드물게'가 어느 정도의 확률인가 하면 대략 100만 염기마다 하나의 오류가 발생한다. DNA의 복제가 굉장히 정교한 것은 사실이지만 그래도 자손에게 계승되면서 조금씩 변이가 발생하는 것이다. 또한 복제 오류 이외에 자외선이나 방사선 등에 노출되어도 DNA에 변이가 일어난다. 변이의 종류나 정도에 따라서 죽음에 이르거나 자손을 남기지 못하게 되기 때문에 변이라고 하면 좋지 않은 이미지가 있지만, DNA의 변이는 생물이 진화하는 원동력이기도 하다. 진화를 이야기하기 전에 DNA의 변이에 관해 설명하겠다.

아주 드물게 일어나는 DNA의 변이가 전부 생물의 성질 변화로 이어지지는 않는다. DNA의 염기배열에 변이가 일어나면 무슨 일이 일어날까? 앞에서도 이야기했듯이 DNA의 염기배열 정보는 단백질의 아미노산배열을 규정한다. 따라서 DNA의 변이는 단백질의 아미노산배열을 변화시키는데, 그렇다고 반드시 아미노산배열에 변화가 일어나는 것은 아니다. 코돈을 설명할 때 사용했던 예를 바탕으로 구체적으로 살펴보자.

ATG	-	TGC	-	CTT	-	ATT	-	TAC	-	GAA
메싸이오닌		시스틴		류신		아이소류신		타이로신		글루탐산

이 배열에서 두 번째 코돈인 TGC의 세 번째 문자 C가 C 이외의 무

엇인가로 변이했다고 가정하자.

(원래의 배열) ATG – TGC – CTT – ATT – TAC – GAA

(변이1) ATG – TG**T** – CTT – ATT – TAC – GAA

(변이2) ATG – TG**G** – CTT – ATT – TAC – GAA

(변이3) ATG – TG**A** – CTT – ATT – TAC – GAA

다음으로 변이가 일어난 세 DNA에서 단백질의 아미노산배열을 살펴보자.

(원래의 배열)

메싸이오닌 – 시스틴 – 류신 – 아이소류신 – 타이로신 – 글루탐산

(변이1) 메싸이오닌 – **시스틴** – 류신 – 아이소류신 – 타이로신 – 글루탐산

(변이2) 메싸이오닌 – **트립토판** – 류신 – 아이소류신 – 타이로신 – 글루탐산

(변이3) 메싸이오닌 – **종결 코돈** – 류신 – 아이소류신 – 타이로신 – 글루탐산

이처럼 하나의 염기변이라고 해도 여러 패턴이 있으며, 아미노산배열이 변하지 않는 경우(변이1)도 있고 변하는 경우(변이2)도 있다.[5] 또 변이3과 같이 아미노산에 대응하는 코돈이 종결 코돈이 되어버리는 경우도 있다. 종결 코돈으로

5 아미노산배열에 변화가 일어나지 않는 변이를 동의치환, 변화가 일어나는 변이를 비동의치환이라고 부른다.

변했을 경우 종결 코돈 뒤로는 아미노산배열이 합성되지 않으므로 도중에 종료되어 짧은 단백질이 된다. 그러나 아미노산배열에 변화가 발생했더라도 단백질의 기능이나 폴딩에 중요한 영향을 주지 않는다면 겉으로 보기에는 변하지 않은 것과 같다.

또 한 가지 중요한 점은 이런 DNA의 변이가 무작위로 일어난다는 것이다. 따라서 DNA의 염기배열 변이는 그 종이 살아가는 데 영향이 없으면 계속 축적된다.

DNA가 완벽하게 복제되면 진화는 없다

먼저 복제가 조금의 오류도 없이 변이가 발생하지 않은 채 완벽하게 진행되었다고 가정해보자. 최초로 태어난 생명이 완벽하게 똑같은 유전자만을 항상 복제하며 자손을 남겼다면 어떻게 될까? 새로운 종이 출현하지 않을 테니 생물의 진화는 일어나지 않았을 것이며, 인간도 당연히 출현하지 못했다.

그렇다면 생물은 어떻게 진화해왔을까? 앞서 설명했듯이 종을 유지하기 위해서는 DNA 복제가 매우 정확해야 하지만, 아주 드물게 변이가 일어나는 것을 막지는 못한다. DNA의 변이는 무작위로 일어나며 게다가 축적된다. 이렇게 DNA가 다양하게 변화된 집단이 존재한 것이 생물 진화의 원동력이 되었다.

진화와 변이

현재 지구에는 수백만 종류의 다양한 생물이 존재한다. 센트럴 도그마의 개념으로 설명했듯이, 단순해 보이는 박테리아부터 인간 같은 복잡한 생물에 이르기까지 DNA에 의존하는 유전 체계는 기본적으로 똑같다. 어떤 생물이든 그 생물이 출현하기 전 생물의 DNA에 변화가 나타난 결과로 탄생했다. 그렇게 해서 점점 생명의 역사를 거슬러 올라가면 다세포생물은 단세포생물에서, 진핵세포는 박테리아에서 진화했음을 알 수 있다. 더욱 거슬러 올라가면 모든 생명은 생명의 기원이 된 최초의 세포로 귀결될 것이다. 그 생명의 기원으로부터 서서히 진화해 지금의 다양한 생명으로 이어진 것이다.

널리 알려져 있는 다윈Charles Darwin, 1809~1882이 제창한 진화의 개념은 환경 변화에 적응한 개체가 선택되어 살아남는다는 것이다. 이런 생각을 자연선택이라고 부르는데, 다윈은 어떤 원리로 자연선택이 가능한지에 관해서는 언급하지 않았다. 현재는 다윈의 자연선택이 가능하려면 다양한 DNA의 변이를 축적한 집단이 필요하다는 사실이 밝혀졌다. 그림 5-7을 보면 원래 돌기가 여섯 개인 별 모양의 개체가 시간이 지나면서 유전을 반복하는 가운데 불규칙하게 변이가 축적된 결과 돌기가 3~9개인 별 모양으로 변화했다고 가정한다. 그리고 이 3~9개가 환경에 적응해 잘 살아가다가 그후 환경 변화가 일어나 돌기가 7개인 개체 이외에는 절멸했다. 불규칙하게 축적된 변이를 중립변이라고 하는데, 이와 같이 중립변이를 쌓아둠으로써 환경 변화 등이 일어났을 때 살아남을 수 있는 다양한 집단을 준비해놓는 일이 자연선택에 따른 진화를 가능케 한다. 말하자면 환경 변화라는 위기를 극

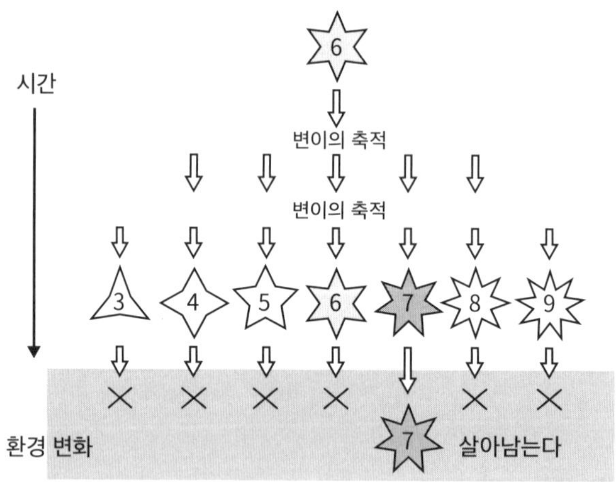

그림 5-7 중립변이의 개념

복하기 위해서는 무엇에 도움이 될지 모르니 다양한 집단을 준비해둘 필요가 있다는 것이다.

'진화'는 '나아가다'라는 뜻이 들어 있기에 흔히 좋아지는 방향으로만 나아간다고 생각하기 쉬운데, 사실 생명 진화의 본질은 조금 다르다. 생물이 진화하려는 목적을 가지고 진화해온 것이 아니라 저절로 축적된 다양한 집단 중에서 환경에 적응한 것만이 살아남은 결과가 생명의 진화다.

유전자와 DNA 그리고 유전체의 관계

지금까지 DNA에 관해 설명했는데, 최근 들어 유전체Genome라는 용어가 생명의 유전정보를 설명할 때 자주 쓰인다. 유전체와 DNA, 유전자와 유전체가 어떻게 다른지 혼란을 겪는 사람도 많을 것 같아 이를 설명하고 넘어가도록 하겠다.

말하자면 용어의 문제다. 생물이 지닌 성질(형질)을 결정하는 요소를 유전자라고 부르는데, 이는 영어로 'Gene'이다. 예를 들어 인간의 형질을 결정하는 유전자 수만 개가 있는데, 그것을 망라한 전체를 유전체라고 부른다. 유전자라는 말은 분자적인 실체를 알 수 없어도 사용할 수 있었지만, 현재는 DNA로 구성되어 있음이 알려졌다. 유전체라는 말은 어떤 생물이 지닌 DNA 전부를 표현하고 싶을 때 사용한다. 예를 들어 "인간에게는 p53이라는 암억제유전자가 있다"고 말할 때는 개별적인 유전자를 지칭한다. 그러나 인간 유전체라는 표현을 사용하면 인간이 지닌 30억 개의 DNA 염기배열, 즉 유전자 전체를 가리키게 된다.

참고로 '~체-ome'라는 접미어는 유전체 이외에도 개별적인 무엇인가를 묶은 전체를 나타낼 때 사용한다. 예를 들어 어떤 생물이 지닌 단백질 한 세트를 단백체라고 부른다. 그 밖에도 전사산물인 mRNA 한

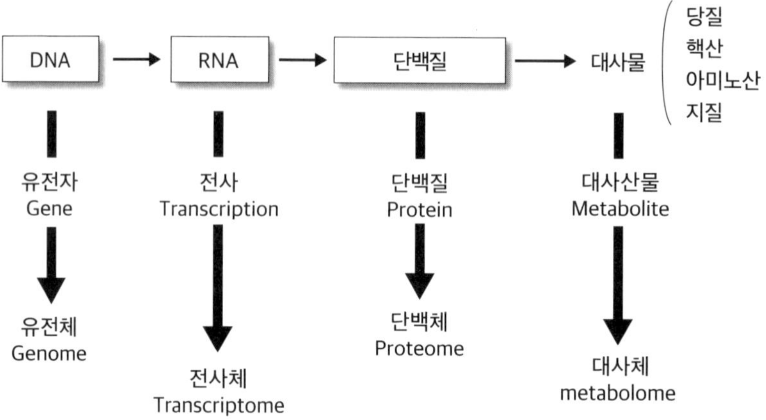

그림 5-8 '~체'의 세계
어떤 생물이 지닌 유전자나 단백질 한 세트를 다루는 개념을 '체'로 표시한다

세트를 전사체, 대사산물 한 세트를 대사체라고 부른다**그림 5-8**. 현대의 생명과학은 분석 수법이 눈부시게 발전하고 있어서 예전에는 일일이 연구하기도 힘들던 유전자나 단백질을 한꺼번에 묶어서 연구할 수 있게 되었다. 예를 들어 암에 걸린 세포와 정상 세포의 단백체나 대사체를 조사해 암세포에만 축적되는 단백질이나 대사산물을 발견하고 그것을 진단에 이용하는 식이다.

DNA의 염기배열이 생물의 종류를 결정한다

세포라는 기본적인 유닛으로 성립되어 있다는 점에서 모든 생물은 공통된 특징을 지니는데, 이 지구상에는 크기와 모양이 전혀 다른 수백만 종에 이르는 다양한 생물이 존재한다. 이런 생물의 다양성을 결정하는 것은 생명의 설계도인 DNA의 염기배열이다. 말하자면 궁극적으로는 어떤 생물을 규정하는 정보 전체가 DNA에 새겨져 있다고 할 수 있다.

이와 같은 배경에서 어떤 생물이 다른 생물과 어떻게 다른지를 알려면 그 생물의 모든 유전자정보, 즉 유전체를 해독할 필요가 있다.

2001년
인간 유전체를 해독하다

DNA의 염기배열이 생물의 종류를 결정한다고 말했다. 그렇다면 실제 생물의 염기 수는 어느 정도일까? 1995년 최초로 유전체 전부가 해독된 인플루엔자균[6]은 183만 염기쌍이 존재한다. 그 밖에 대장균은 450만 염기쌍이 있으며, 유전체가 적은 것으로 알려진 미코플라스마는 55만 염기쌍 정도가 있다.

6 이름은 인플루엔자지만, 인플루엔자를 일으키는 바이러스와는 완전히 별개의 세균이다.

인간은 어떨까? 인간 유전체는 46개의 염색체(44개의 상염색체와 2개의 성염색체)로 나뉘어 존재하는데, 전부 합치면 약 30억 염기쌍에 이른다. 30억 염기쌍의 실제 길이는 2미터나 되며 복잡하게 접혀서 세포 속 핵에 수납되어 있다.

인간 유전체를 전부 해독하려는 인간유전체프로젝트는 1990년 미국 공공기관의 주도로 시작되었으며 그후 세계 규모의 공동 연구로 발전했다. 초기에는 DNA의 염기배열을 해독하는 장치(DNA 시퀀서)의 능력이 떨어져서 언제쯤 전부 해독할지 알 수 없었지만, 뒤늦게 참가한 미국 벤처기업의 맹추격 덕분에 가속도가 붙었다. 1995년에 박테리아의 유전체를 최초로 해독한 바 있는 벤터Craig Venter가 이끄는 벤처기업이었는데, 오랜 기간에 걸쳐 막대한 자금을 쏟아부은 세계적인 프로젝트가 일개 벤처기업에 추월당한다면 망신이라는 생각에 이 경쟁은 결국 정치적인 형태로 결말을 맞이했다. 2001년 국제 연구팀과 벤터가 이끄는 기업이 당시 미국 대통령인 빌 클린턴이 참가한 가운데 인간 유전체가 해독되었음을 선언한 것이다.[7] 생명과학 연구에 매우 중요한 이정표가 만들어지는 순간이었다.

7 2001년의 해독 선언은 인간 유전체 염기배열의 개요판이었고, 2003년 완전판이 보고되었다.

인간의 유전자는 얼마나 될까?

유전체가 전부 해독되면 유전체 내에 몇 종류의 유전자, 즉 단백질이 몇 종류나 기록되어 있는지 추측할 수 있다. 모델 생물을 살펴보자.

박테리아

미코플라스마: 약 500종　대장균: 약 4,000종

진핵생물

출아효모: 약 6,000종　초파리: 약 1만 4,000종

이것을 보고 초파리가 1만 종 이상이니 인간은 수십만 혹은 그보다 더 많을 것이라고 예상한 독자도 있을지 모른다. 그러나 사실 인간 유전체에 들어 있는 유전자의 수는 예상보다 훨씬 적어서 많아도 2만 7,000종 정도로 추정된다.

인간의 유전자가 이렇게 적다는 것은 매우 놀라운 일이다. 그러나 3만 종도 되지 않는 DNA가 RNA를 통해 단백질이 되는 과정에서 수많은 변이가 일어날 수 있음이 밝혀졌기 때문에 실제 단백질의 종류는 3만 종의 몇 배로 늘어날 가능성이 있다.

인간 유전체의 99퍼센트는 잡동사니?

30억 개나 되는 DNA의 염기쌍 가운데 유전자가 고작 3만 종밖에 안 된다고 하면 다른 DNA는 대체 어떤 역할을 하는지 궁금해진다. 유전자가 들어 있지 않은 부분은 인간 유전체 전체의 99퍼센트에 이

른다. 한편 박테리아는 기본적으로 유전체에 유전자를 함유하지 않은 영역이 거의 없다.

유전체 내에서 유전자가 들어 있지 않은 영역을 '잡동사니Junk'라고 부르곤 하는데, 이것은 아직 인간이 유전체의 생물학적 기능을 충분히 이해하지 못했기 때문이 아니냐는 견해도 있다. 실제로 2012년 일본의 연구팀을 중심으로 진행된 연구에 따르면 인간 유전체 전체의 80퍼센트는 유전자가 없지만 무엇인가 기능을 하고 있다고 한다. 유전체의 배열 자체는 21세기 초반 해독이 완료되었지만 유전체의 전모를 이해하기에는 아직 시간이 필요하다고 할 수 있다.

한 사람 한 사람의 유전체는 똑같지 않다

인간 유전체가 해독되었다고는 하지만 해독된 것은 대표로 선발된 누군가의 유전체일 뿐이다. 한 사람 한 사람의 유전체가 거의 같다고는 해도 DNA배열이 완전히 동일한 사람은 없다.[8] 인간 유전체의 염기배열은 99.9퍼센트가 동일하지만, 0.1퍼

8 다만 일란성 쌍둥이는 유전체의 배열이 완전히 똑같다.

센트는 개개인에 따라 다르다. 즉 1,000개의 염기 중 한 개 정도는 차이가 있는 셈이다. 염기배열의 차이가 비교적 높은 빈도로 출현할 때 이를 단일염기다형성 또는 스닙SNP, Single nucleotide polymorphism이라고 부른다. 예를 들어 X 유전자가 있는 영역의 ATCC라는 배열이 일부 사람들의 경우에는 AACC인 식이다. 이런 스닙은 특정 질병에 잘 걸린다거나 어떤 약이 잘 듣는 등의 개인차로 이어진다는 사실이 밝혀졌다. 예를 들어 앞서 X 유전자의 일부 배열이 ATCC인 사람에게는 잘 듣지만 AACC인 사람에게는 효과가 없음이 밝혀진 약이 있다고 가정하면 환자가 ATCC인지 AACC인지에 따라 처방이 달라질 것이다.

이와 같은 개개인의 유전체 차이를 고려한 의료를 맞춤의료Tailor made medical treatment라고 부른다.

모든 사람의 유전체가 해독되는 시대가 곧 온다

맞춤의료를 실현하려면 개개인의 유전체정보가 전부 해독되어야 한다. 10년 넘게 진행된 국가적 프로젝트를 통해 겨우 한 사람의 유전체를 해독했는데 모든 사람의 유전체를 언제 어떻게 해독해낼 수 있겠느냐고 하는 사람도 있을 것이다. 그러나 DNA 염기 해독 기술에 혁명이 일어나고 있다. '차세대 시퀀서'로 불리는 DNA 시퀀서가 속속 등장함에 따라 최근 10년 사이에 DNA 염기 해독의 속도와 비용이 극적으로 개선되었으며, 지금도 혁신이 계속되고 있다**칼럼 10**. 한 사람의 유전체를 몇십만 원 이하의 비용으로 몇 시간 만에 해독할 수 있는 믿기 어려운 시대가 코앞으로 다가온 것이다.

나는 앞으로 10년 이내에 암 같은 난치병을 앓는 환자의 유전체가 해독되지 않을까 예상하고 있다. 어쩌면 질병예방 등을 위해 우리 모두 자신의 유전체를 해독해서 USB메모리에 넣고 다니게 될지도 모른다. 개개인의 장 속에 사는 박테리아의 유전체까지 해독해 건강관리에 활용하려는 시도는 이미 시작되었다**칼럼 11**.

유전체정보 해독을 둘러싼 윤리적인 문제들

유전체정보를 해독해 질병치료에 활용하는 것은 긍정적인 측면이지만, 개인의 유전체 전부를 해독하는 데에는 부정적인 측면도 많다. 치료법이 존재하지 않는 유전병에 걸릴 가능성이 높음을 알게 되면 미래를 비관할 수도 있다. 자신과 배우자의 유전체를 대조하면 앞으로 태어날 아이가 어떤 병에 걸릴지 알게 될 수도 있을 것이다. 유전체에는 당연히 선조의 유전정보가 들어 있으므로 족보 없이도 선조에 관한 정보가 명확해질 가능성도 있다. 따라서 자신의 출생에 관한 중대한 비밀이 밝혀질지도 모른다.

유전체를 안다는 것은 어떤 의미에서는 몰라도 될 정보를 전부 알게 된다는 뜻이기도 하다. 유전체정보가 제삼자에게 누설되면 그 정보를 바탕으로 불이익을 당할 위험성 또한 존재한다. 이와 같이 유전체정보는 궁극의 개인정보이므로 엄격하게 관리되어야 하지만, 정보로서는 ATGC 염기배열이 나열된 것이 전부인 완전한 디지털정보다. 정보량이 1기가바이트도 안 되므로 USB메모리에도 손쉽게 저장할 수 있는 용량이다. 따라서 개인의 유전체 해독과 정보관리에 관해서 윤리적인 문제를 포함해 철저한 논의가 필요하다.

칼럼 9

유전자조작과 연관된 사실들

이 장에서 DNA로부터 단백질이 만들어지는 원리는 모든 생명이 공통이라고 설명했다. 이른바 생명의 센트럴 도그마다. 이 보편성에 입각하면 어떤 생물의 단백질을 다른 종의 생물이 만들게끔 할 수 있다. 예를 들어 대장균 속에 인간 유전자를 넣으면 그 속에서 인간의 단백질을 만들게 할 수 있다. 이와 같이 외부의 유전자를 집어넣는 것을 유전자조작이라고 한다. 따라서 인간의 유전자를 집어넣은 대장균은 유전자가 조작된 대장균이다. 원리적으로는 어떤 생물에든 유전자조작이 가능하다.

DNA의 증폭이나 개변 등 유전공학 기술이 크게 진보함에 따라 관심이 있는 생물의 유전체 DNA를 추출해 원하는 유전자만을 증폭시킨 다음 다른 생물에 넣는 것이 비교적 간단해졌다. 유전자조작 기술을 이용하면 외래 유전자를 도입할 수 있을 뿐만 아니라 목적 유전자를 결손시킬 수도 있다(이를 유전자 녹아웃이라고 한다).

유전자조작 기술은 생명과학의 기초 연구에 자주 쓰일 뿐만 아니라 여러 분야에서 응용된다. 그중 하나가 유전자조작 작물이다. 예를 들어 해충에게 독이 되는 단백질을 만드는 유전자를 목적 식물에 도입하면 해충에 저항력이 있는 식물을 만들 수 있다. 이와 같이 유전자조작 작물은 식품의 안전성이나 생태계를 혼란시킬 위험성 때문에 사용 여부를 두고 사회문제가 되지만, 미국을 비롯해 각국에서 확산되고 있는 것이 현실이다.

유전자조작은 자연 속에서도 일어나며 생물의 진화와도 연관되어 있다는 사실이 밝혀지고 있다. 이 장에서는 어버이에서 자식으로 DNA가 복제될 때 조금씩 변이가 축적되는 진화에 관해 소개했다. 어버이와 자식 사이의 DNA 계승에 더해 종이 다른 생물 사이에서 DNA가 전부 이동하는 경우도 있다. 예를 들어 인간 유전체 속에 박테리아에서 유래한 것으로 보이는 유전자가 그대로 들어 있는 사례가 발견되었다. 어버이에서 자식으로 유전자가 전달되는 것을 유전자의 수직전파라고 부르며, 종이 다른 생물 사이에서 DNA가 이동하는 것을 수평전파라고 부른다. 수평전파는 생물의 성질에 큰 영향을 미치며 나아가 진화에 기여한다는 사실이 밝혀졌다.

칼럼 10

DNA 해독 제2의 혁명인 차세대 시퀀서

인간 유전체를 해독하려는 계획이 시작된 1990년경만 해도 이는 아폴로프로젝트에 비유될 만큼 장대한 연구로 여겨졌다. 인간 유전체의 DNA는 30억 염기쌍이나 되는 데 비해 당시 사용되고 있던 DNA 염기배열 분석법인 생어법Sanger method의 DNA 시퀀서(제1세대)는 하루에 수백 염기쌍 정도밖에 해독하지 못했으니 당연한 일이다.[9] 하지만 이 시퀀서를 조금씩 개량하고 나아가 대량의 장비를 병렬로 가동시키는 등의 노력을 통해 2001년에는 인간 유전체 전체를 해

9 이 시퀀서는 생어Frederick Sanger, 1918~2013의 아이디어를 바탕으로 했기 때문에 생어법으로 불린다. 생어는 아미노산배열의 해석과 DNA 시퀀서의 발명으로 노벨상을 두 차례나 수상했다.

독하는 데 성공했다.

생어법의 원리를 채택한 제1세대의 방식을 고수하는 동안에는 DNA 해독 속도에 극적인 진전을 기대하기 어려웠으나, 2000년대 중반부터 엄청난 기술혁신이 일어났다. 현재 전 세계에서 다양한 장치가 시판 혹은 개발 중인데, 이런 것들을 통틀어 차세대 시퀀서라고 부른다. 원리는 저마다 다르지만 현재 주류인 장치는 방대한 병렬 처리, 마이크로 가공 기술, 최신 현미경 기술을 채택해 차원이 다른 속도와 방대한 배열 분석을 가능케 했다. 그 처리능력은 이미 하루에 인간 유전체의 30억 염기쌍 전체를 읽을 수 있는 단계에 이르렀다. 그뿐만 아니라 해독에 드는 비용도 매년 더 저렴해지고 있다. 누구나 자신의 유전체정보를 알게 될 날이 멀지 않았다고 말한 배경에는 이런 차세대 시퀀서의 대두가 있다.

칼럼 11

여러 생물의 유전체를 한번에 조사하다

기존의 유전체 연구는 인간의 유전체, 대장균의 유전체 같은 식으로 특정 생물을 정해서 개별적으로 진행하는 것이 보통이었다. 그러나 생물을 특정하지 않고 집단적으로 한꺼번에 유전체를 해석하는 일도 가능해졌다. 개별 유전체 해석을 초월한 유전체 해석이라고 해서 이를 메타유전체Metagenome 해석이라고 부른다. 메타는 '고차원의' '초超'라는 의미를 지닌 접두어다.

예를 들어 우리 장 속에는 1,000종이나 되는 다양한 박테리아 집단(장내세균)이 살면서 건강과 질병에 관여한다고 알려져 있다. 이런 장내세균 대부분은 배양해서 분리하기조차 어려운데, 배양을 하지 않고 통째로 DNA를 증폭시켜 한꺼번에 유전체 해석을 할 수 있게 된 것이다. 이에 따라 장내세균의 종류나 수가 건강이나 식생활과 어떤 관련이 있는지 등을 알 수 있게 되었다.

그 밖에 토양세균이나 해양에 사는 미생물의 메타유전체 해석 또한 진행되고 있다. 지상에 존재하는 미생물의 99퍼센트 이상은 실험실에서 배양해 분리하기가 불가능하다고 알려져 있는데, 굳이 배양하지 않더라도 DNA분자 하나만 있으면 증폭시켜 DNA배열을 결정할 수 있다. 차세대 DNA 시퀀서를 통한 방대하고 신속한 유전체 해석의 실현도 메타유전체 해석을 비약적으로 발전시킨 한 가지 요인이다. 메타유전체 해석을 통해 다양한 환경에서 사는 박테리아의 특징을 조사할 수 있게 되었을 뿐만 아니라, 미지 생물의 유전체에서 지금까지 인류가 몰랐던 유익한 유전자를 발견할 수 있지 않을까 하는 기대도 해본다.

6장

건강과 질병의 생명과학

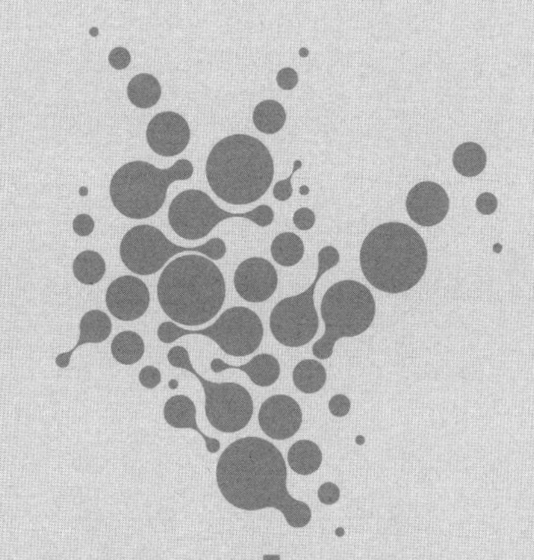

생명과학에 관한 지식을 바탕으로 생명과 수명이라는 거대한 담론부터 병에 걸렸을 때 처방되는 약에 이르기까지, 건강과 질병에 대해 좀더 자세하게 알 수 있다.
생명과학의 지식과 기술이 발전함에 따라 지금까지는 비밀에 싸여 있던 우리 몸에 병을 일으키는 원인과 치료법 등도 조금씩 밝혀지고 있으며
개인의 유전체정보를 바탕으로 적절한 약을 처방하는 등의 '맞춤의료' 또는 개인별 전용 약을 준비하는 '오더메이드 의료'가 실현될 날이 찾아올 수 있다.

생명과학의 관점에서 바라본 생명, 약, 질병

지금까지 생명을 분자의 층위에서 살펴봤다. 독자 여러분은 어떤 이유로 이 책을 손에 들었는가? '우리가 어떤 메커니즘으로 살아가는지 알고 싶다' '앞으로의 생활에는 생명과학 지식이 필수이니 그 기초를 다지고 싶다' 등등 저마다 이런저런 이유가 있겠지만, 생명과학의 기초를 배워 건강과 질병에 대한 지식을 얻고 싶다는 공통된 생각이 있지 않을까?

이 책은 의학서가 아니므로 개별적인 병의 원인이나 치료법을 하나하나 설명할 수는 없다. 다만 지금까지 공부한 생명과학의 기초를 바탕으로 생명과 수명이라는 거대한 스케일의 이야기부터 병에 걸렸을 때 처방되는 약에 이르기까지, 건강과 질병을 조금 다른 시점으로 바라보는 방법을 소개하겠다.

불로불사는 인류의 영원한 꿈인가

만화가 데즈카 오사무手塚治虫, 1928~1989의 《불새》라는 작품을 아는가? 《불새》는 세계 각지를 무대로 기원전부터 미래까지를 그린 시공을 초월한 장대한 스케일의 만화로, 그 일관된 주제는 불로불사다. 불새의 피를 마시면 불로불사를 이뤄 영원한 생명을 얻을 수 있다는 설정 속에서 불새를 찾아다니는 사람들의 드라마가 펼쳐진다.

부와 권력을 가진 사람은 반드시 불로불사를 추구한다. 아니, 불로불사는 부나 권력과 상관없이 모든 인류의 궁극적인 꿈인지도 모른다. 《불새》는 불로불사가 이룰 수 없는 꿈임을 전제로 한 이야기다. 아무리 권력과 재력이 강해도 영원한 생명을 얻을 수는 없다. 데즈카 오사무가 훌륭한 이야기꾼이라는 생각이 드는 점은 불새가 금방이라도 잡힐 것만 같은 장면이 작품 속에서 여러 번 나온다는 것이다. 영원한 생명은 아무도 손에 넣을 수 없음에도 불구하고 조금만 손을 뻗으면 닿을 것처럼 생각되는 것인지도 모른다.

그런데 이 작품에서 불새 자신은 사실 영원히 살지 못한다. 그대신 때가 오면 불 속에 몸을 던져 새로 태어난다. 흔히 이 불새의 재생을 불교의 윤회사상을 바탕으로 했다고 해석하는데, 생명의 연속성 자체를 상징적으로 나타냈다고 해도 무방하지 않을까? 우리를 포함한 모든 생명은 하나의 개체로 영원히 살 수는 없으며, 유전자라는 생명의 정보를 다음 세대에 전하고 자신은 생을 마감한다. 영원한 삶을 추구하는 우리 생명 속에 재생을 반복하는 불새, 즉 영원한 생명이 존재하고 있다고 해도 과언이 아닌 것이다.

불로불사의 실현은 생명의 종언이다

생명의 역사 초기 어딘가에서 불로불사가 실현되었다면 어떤 일이 벌어졌을까? 명확한 답을 알 길은 없지만, 불로불사가 실현되어 그 생명체가 영원한 생명을 얻었다면 자손을 남길 필요가 없었을지도 모른다. 1장에서 소개한 DNA 자체가 생명이고 생명은 DNA가 이용하는 '탈것'에 불과하다는 대담한 가설에 따르면 DNA는 불로불사의 생명 속에서 영원히 살 수 있으므로 자손에게 계승될 필요가 없어진다. 자손이 태어나지 않으면 DNA가 복제될 때 오류가 발생할 일도 없으므로 생명의 진화는 멈춰버린다. 그렇게 되었다면 인류는 탄생하지 못했을 것이다. 생명이 격변하는 지구의 환경 변화를 극복할 수 있었던 이유는 다양한 생명 중에서 환경에 적응한 생명이 살아남아서다. 그런데 영원한 생명을 얻은 생명체에서는 다양성이 탄생할 수 없으므로 환경 변화로 생명이 절멸했으리라는 예상도 가능하다. 그러니까 생명은 이미 종언을 고했을지도 모른다.

이런 관점에서 미래에 인류가 '불로불사'를 실현한다면 '생명'으로서 인류의 역사는 그 시점에 끝이 날 것이다. 물론 인류가 아닌 다른 생물종의 역사는 끝나지 않을 테니 지구의 기나긴 생명의 역사에서 인류만 제외되는 것일지도 모르지만 말이다.

만약 불로불사가 실현된다면 현실 세계에서는 다양한 문제가 발생한다. 불로불사인 인간이 자손도 남길 수 있다면 지구는 인간으로 넘쳐날 것이다. 흔히 '죽음'이 있을 때 '삶'도 있다고 말하는데, 생명에게 죽음은 필수라고 할 수 있다.

그럼에도 인류는 불로불사를 향하고 있다?

영원한 삶은 이룰 수 없는 꿈이라고 치더라도 인류는 최근 반세기 사이에 불로불사를 향해 크게 전진했다고 볼 수 있다. 평균수명을 보면 1990년대 후반 이후 일본인의 평균수명은 80세를 넘어섰는데, 20세기 전반만 해도 50세가 채 되지 않는 수준이었다. '인생 50년' 시절로부터 100년도 안 되는 시간 동안 평균수명이 1.5배나 늘어난 것은 경이적인 일이다. 수명 연장은 위생 상태의 개선에 따른 감염의 격감, 항생물질의 출현으로 대표되는 의학의 발달 등 다양한 이유에 따른 결과다.

인류를 포유류의 일종으로서 봤을 때 기대수명은 어느 정도일까? 모토카와 다쓰오本川達雄의 《코끼리의 시간 쥐의 시간ゾウの時間ネズミの時間》에 따르면 포유류는 일반적으로 몸집이 클수록 수명이 길어지는데, 이 관계를 인간에게 적용해보면 인간의 수명은 약 40세 정도라고 한다. 이렇게 따지면 현대 인류는 생물학적인 수명을 훨씬 초월해 살게 된 셈이다. 그렇다면 인류는 불로불사에 얼마나 가까워졌을까?

생명의 사용 가능 횟수

인류의 평균수명은 일본뿐만 아니라 전 세계에 걸쳐 최근 수십 년 사이에 급격히 늘어났다. 앞으로도 계속 늘어나 언젠가는 200세, 300세…까지 살 수 있게 될까?

그러나 일본 등 고령화사회에서는 이미 평균수명 증가율이 둔화하기 시작했기 때문에 200세까지 살기는 어려울 듯하다. 애초에 인간에게는 한계수명이 있다고 알려져 있다. 세계를 둘러봐도 최고 장수 기록은 120세 정도며, 이 기록은 거의 경신되지 않고 있다. 이 때문에 인간의 한계수명은 120세 정도가 아닐까 추정된다.

생명이 분자로 성립되었다면 한계수명이 있는 것은 당연하다면 당연한 일이다. 예를 들어 아무리 튼튼하고 유지 보수를 열심히 한 자동차라도 언젠가는 쓰지 못하게 된다. 따지고 보면 우리 생명은 단백질, 핵산, 지질 등 생명을 관장하는 분자가 모여서 만들어진 일종의 '기계'인데, 이런 분자 기계의 사용 가능 햇수의 한계가 120년 정도라고 볼 수 있는 것이다. 다만 왜 120년인지는 아직 밝혀지지 않았다.

우리 몸속의 분자는 대부분 끊임없이 대사되면서 새로 만들어진다. 그렇다면 생명이라는 분자 기계는 항상 부품이 신품으로 교체되니 영원히 사용할 수 있지 않느냐고 반문할 수 있다. 반드시 틀린 생각이라고는 할 수 없지만, 세포 중에는 신경세포(뉴런)처럼 한번 만들어지면 기본적으로 평생 동안 교환되지 않는 것도 있다. 그 밖에 눈 속에서 렌즈의 역할을 하는 수정체에 들어 있는 단백질 또한 한번 생기면 평생 동안 사용한다. 이렇게 교체할 수 없는 세포나 단백질의 수명이 한계수명을 결정하는지도 모른다.

노화에 동반되는 병

일본인의 주요 사인死因이 무엇인지 아는가? 몇 년 전까지만 해도 암과 심장병, 뇌졸중(뇌혈관 질환)이 3대 사인으로 불리며 약 50년 동안 순위 변동 없이 유지되어왔는데, 2011년부터 폐렴이 뇌졸중을 제치고 3위에 올랐다.[1] 폐렴과 뇌졸중의 사망자 수가 거의 비슷하므로 현재는 4대 사인이라고 해도 무방하다. 이 네 가지 사인을 합하면 전체 사인의 3분의 2에 이르는데, 그중에서도 암은 전체의 30퍼센트를 차지한다. 일본인 세 명 중 한 명이 암으로 목숨을 잃는다는 의미다.

이 네 가지 병은 전부 나이를 먹을수록 발병할 확률이 높아진다. 앞에서 인간을 포유류 중 하나로 파악했을 때 기대수명이 고작해야 40년 정도라고 말했다. 생물로서의 인간이 본래 80년씩 살도록 만들어지지 않은 것이 사실이라면, 암 등의 병은 인류가 오래 살 수 있게 된 것에 대한 대가인지도 모른다.

1 폐렴이라고 해도 죽음에 이르는 폐렴은 거의 65세 이상의 고령자가 걸리는 오연성 폐렴(음식물이 기관지를 통해 폐로 들어가 발생하는 폐렴—옮긴이)이다.

유전요인과 환경요인

인플루엔자처럼 감염성 바이러스나 미생물이 일으키는 병은 그 원인이 명확하지만, 노화에 동반되는 병은 대부분 원인을 한 가지로 특정할 수가 없다. 대부분은 사람마다 유전자의 차이(유전요인)와 식생활을 포함한 생활 습관이나 생육 환경 등의 차이(환경요인)가 복잡하게 얽혀서 병을 일으키는 것으로 추정된다.

유전요인으로는 예를 들어 암발생률에 특정 유전자가 관련되어 있는 경우가 있다. 암과 관련이 있음이 최초로 밝혀진 ras 유전자의 경우, 대장암 환자의 약 절반에서 ras 유전자에 변이가 발생하는 것으로 알려져 있다. ras 유전자는 세포의 증식 여부를 제어하는 단백질을 만드는데, 변이가 발생하면 제어 기능에 문제가 생겨 끊임없이 증식하는 상태가 되어버린다. 이처럼 세포가 한없이 증식하게 되는 현상이 암[2]과 관계가 있다.

환경요인은 병에 따라 다양하며 또한 어떤 병과 관련된 환경요인 중 무엇이 발병률 증가에 기여하는지도 제각각이다. 환경요인은

2 이와 같이 암을 촉진하는 역할을 하는 유전자를 암유전자라고 한다. 한편 세포가 암에 걸리는 것을 막는 유전자(암억제유전자)도 있다. 암억제유전자에 변이가 발생하면 암화에 제동이 걸린 상태가 해제되기 때문에 암에 걸리기 쉬워진다. 예를 들어 p53이라는 유전자는 암억제유전자로 알려져 있다.

병에 걸릴 위험성(리스크)이 어느 정도 있다는 지표라서 위험인자(리스크 팩터)라고 부르기도 한다. 예를 들어 폐암의 경우는 흡연과 직업, 식습관, 대기오염 등 다양한 위험인자가 있는데 그중에서도 흡연이 가장 큰 영향을 미치는 것으로 알려져 있다.

유전병

병에 유전인자와 환경인자가 있다는 이야기를 한 김에 유전자의 변이만이 병의 원인으로 인정되는 경우에 관해 간단히 설명하겠다. 이와 같이 유전자의 변이가 원인으로 특정되는 병을 통틀어 유전병이라고 한다. 유전병에는 단일 유전자의 변이로 일어나는 경우와 다수 유전자의 변이로 발생하는 경우, 나아가 염색체 이상[3]이 관련된 경우 등 여러 가지가 있다. 또한 부모에게서 변이 유전자를 어떻게 물려받느냐에 따라서도 발병 여부와 관련해 다양한 패턴을 보인다고 알려져 있다.

3 염색체 이상의 예로 다운증후군이 있다. 다운증후군의 경우는 일반적으로 두 개인 21번 염색체가 세 개 존재한다.

단백질 형태의 이상과 관련된 병

특정 단백질 형태의 이상이 병과 밀접하게 관련된 경우도 있다. 3장에서 설명했듯이 단백질은 아미노산이 이어진 끈이 폴딩되어 기능을 하는데, 폴딩에 이상이 생겨서 응집체가 된 것이 축적되면 세포에 해를 끼칠 수 있다. 폴딩 이상과 관련된 병에는 여러 가지가 있다. 증상의 원인에 따른 구분으로는 ①나이를 먹을수록 발병률이 높아지는 백내장이나 알츠하이머병 등, ②유전자의 변이에 따른 겸상적혈구병이나 헌팅턴병 등, ③감염에 따른 광우병을 포함한 프리온병 등이 있다. 또한 단백질 응집체의 성질로 구분할 때도 있는데, 이 경우 알츠하이머병이나 프리온병 등 단백질이 섬유 모양으로 응집하는 아밀로이드증과 백내장 등 단백질이 무질서하게 엉킨 응집체가 원인인 병이 있다. 여기서 단백질의 구조 이상과 관련이 있는 병 가운데 몇 가지를 소개하겠다.

백내장 나이를 먹으면 확실히 발병하는 병으로 수정체가 뿌옇게 혼탁해져 시력이 저하되거나 시야가 흐려지는 백내장이 있다. 수정체는 크리스탈린Crystallin이라는 단백질이 가득 차 있는 기관으로, 정상적인 수정체는 크리스탈린이 투명하기 때문에 렌즈가 되지만 백내장에 걸리면 크리스탈린이 응집해 시력 저하의 원인이 된다. 투명한 렌즈가 단백질의 응집으로 혼탁해지므로 이 병의 경우는 응집체 자체가 단백질의 본래 기능을 저하시킨다.

세포 속 거의 모든 단백질은 합성과 분해를 반복하지만 크리스탈린은 평생에 걸쳐 대사되지 않는 단백질이다. 재미있는 사실은 크리스탈린의 일종인 알파크리스탈린α-crystallin이 샤프론 중 하나와 똑같다는 것이다. 실제로 수정체 안에서 알파크리스탈린이 샤프론으로 기능해 단백질이 변성되는 것을 막는다는 설도 있다. 수십 년이나 단백질이 변성되지 않고 투명함을 유지할 수 있다는 것은 놀라운 일이지만 오랫동안 받아온 자외선 등의 영향으로 40대 무렵부터 서서히 크리스탈린이 응집하기 시작하며, 80대가 되면 대부분이 정도의 차이는 있을지언정 나이에 따른 백내장(노인성 백내장)에 걸리고 만다.

겸상적혈구병 단백질의 구조에 이상이 생겨 발생하는 병의 전형으로 생화학 교과서에 종종 소개되는 병이 겸상적혈구병(낫적혈구장애)이다. 이 병에 걸리면 적혈구 안에 있는 헤모글로빈이 응집체를 형성해 산소를 운반하는 기능이 저하되기 때문에 극도의 빈혈 상태가 된다. 정상적인 적혈구는 중심이 조금 들어간 편평한 구형이지만, 비정상적인 헤모글로빈을 가진 적혈구는 낫 모양이 되기 때문에 겸상적혈구병이라고 부른다. 겸상적혈구병은 동양에는 거의 알려져 있지 않은 병이지만, 미국에는 헤모글로빈 유전자에 특정 변이를 가진 사람이 일정 비율로 존재한다. DNA 변이에 따라 헤모글로빈단백질의 아미노산이 딱 하나 변하는데, 그것만으로도 헤모글로빈은 비정상적인 입체구조가 되어 병을 유발한다.

겸상적혈구병은 부모 모두에게서 이 특질이 유전된 아이의 경우 성인이 되기 전에 사망하는 확률이 높은 무서운 병이다. 그렇다면 왜 인류가 진화하는 과정에서 이런 변이가 도태되지 않고 남아 있는 것일까? 이에 대해 아프리카에 만연하는 말라리아와의 관련성을 의심하기도 한다. 비정상 헤모글로빈이 되는 DNA 변이가 부모 중 한쪽에게서만 유전되었을 경우는 말라리아에 저항성이 생긴다고 한다. 아프리카에서는 겸상적혈구병으로 빈혈에 걸릴 위험성을 감수하더라도 말라리아에 걸릴 위험성을 낮추는 편이 생존에 유리하게 작용할 가능성이 있다는 지적이다.

아밀로이드증 고령화사회에서 사회문제가 되고 있는 병으로 알츠하이머병과 파킨슨병이 있다. 뇌 속에 존재하는 특정 단백질의 구조에 이상이 발생함에 따라 신경세포가 손상되어 인지장애를 일으키며 최종적으로는 죽음에 이르는 병이다. 두 병 모두 환자의 뇌를 조사하면 특정 단백질이 아밀로이드화되어 있는 경우가 많아서 아밀로이드증이라고 부르기도 한다.

아밀로이드증으로는 그 밖에도 알츠하이머병과 마찬가지로 신경세포에 이상이 발생하는 헌팅턴병이나 프리온병, 운동장애를 일으키는 근위축성측삭경화증ALS, 장기간 투석한 환자에게 나타나는 투석아밀로이드증 등 20종 정도가 알려져 있다. 현재로서는 아직 아밀로이드증에 대한 근본적인 치료법은 없으며, 대증요법만이 존재한다.

알츠하이머병 신경세포에 이상이 발생해 인지장애를 일으키거나 증상에 따라서는 죽음에 이르게 하는 병이다. 고령화와 함께 환자가 증가해 사회문제가 되고 있는 대표적인 병이다. 알츠하이머병은 여러 원인이 복잡하게 얽혀서 발병하는데, 뇌 속의 아밀로이드베타Amyloid β라는 펩타이드와 타우Tau라는 단백질이 아밀로이드가 되는 현상이 병과 깊게 연관되어 있다.

파킨슨병 알파시누클레인α synuclein이라는 단백질의 아밀로이드성 응집체가 신경세포에 축적되는 것과 관계가 있다.

헌팅턴병 아밀로이드와 관계된 유전병이다. 헌팅턴이라는 단백질에 존재하는 글루타민의 연속 배열은 원래 많아야 40개가 채 되지 않지만, 헌팅턴병이 있는 가계家系의 경우는 40~수백 개로 길어진다. 글루타민의 연속 배열은 아밀로이드를 형성하기 쉬운데, 아밀로이드에 따라 신경세포에 이상이 발생하면 환자는 자신의 움직임을 제어하지 못하고 춤추는 듯한 움직임을 보인다. 그래서 예전에는 이 병을 헌팅턴무도병이라고도 불렀다. 동양인에게는 아주 드물게 발병하지만 백인의 경우에는 1만 5,000명에 한 명 정도의 비율로 나타나는 유전병이다.

근위축성측삭경화증 병명은 낯설지 모르지만 우주론으로 유명한 호킹Stephen Hawking 박사가 걸린 병이라고 하면 알 것이다. ALS는 근육을 움직이는 것처럼 운동을 관장하는 신경이 장애를 일으켜 보고 듣는 등 오감은 정상인데도 불구하고 몸을 움직이지 못하는 병이다. 발병 원인은 충분히 해명되지 않았지만 일부가 유전성인 것으로 알려져 있다. ALS에 걸리기 쉬운 가계에서는 SOD1이라는 단백질에 변이가 발생해 아밀로이드가 되는 것이 요인 중 하나라고 한다.

프리온병 3장에서 소개했듯이 프리온은 증식하며 감염을 일으키는 아밀로이드 응집체다. 프리온과 관련된 병으로는 인간의 크로이츠펠트야코프병과 쿠루병, 소의 광우병, 양의 진전병(스크래피)[4]이 대표적인데 그 밖에도 사슴의 만성소모성질병, 고양이의 고양이해면상뇌증 등 다양한 포유류에서 발견할 수 있는 신경변성 질환이다. 병명은 다양하지만 원인이 되는 단백질은 하나로, 신경세포에 존재하는 PrP라는 단백질의 아밀로이

4 진전병에 걸린 양은 비정상적으로 몸이 가려워지기 때문에 몸을 울타리 등에 열심히 문질러댄다. 이 때문에 '문지르다Scrape'에서 파생된 'Scrapie'라는 병명이 붙은 것으로 보인다. 여담이지만 가렵다는 의미의 한자 '양痒'을 분석해보면 병들어 기댈 '녁疒' 안에 '양羊'이 들어 있다. 기원전 중국에서 한자가 생길 무렵 진전병에 걸린 양의 모습을 보고 痒이라는 한자가 생긴 것인지도 모른다.

드화가 프리온병과 관계있다. PrP는 뇌 속의 신경세포에 존재하는 기능이 알려지지 않은 단백질인데, 어떤 계기로 프리온이 된 PrP가 생기면 정상적인 PrP를 차례차례 프리온화된 PrP로 변화시켜 신경세포에 타격을 입혀 병을 일으킨다.

투석아밀로이드증 지금까지 소개한 아밀로이드증은 전부 뇌의 기능을 손상시키는 신경변성질환이라는 병인데, 마지막으로 온몸에 축적되는 아밀로이드증을 소개하겠다.

신부전 등으로 저하된 신장 기능을 개선하는 요법 중 하나로 인공투석이 있다. 그런데 인공투석을 계속하면 베타2마이크로글로불린β2 microglobulin이라는 단백질의 농도가 높아진다. 베타2마이크로글로불린은 관절 등에 쌓여서 아밀로이드를 형성하는데, 관절에 아밀로이드가 축적되면 격렬한 통증이 찾아온다. 인공투석은 장기간 계속 받아야 하는 요법인데, 20년 이상에 걸쳐 인공투석을 받은 환자의 절반 정도는 투석아밀로이드증에 걸린다고 한다.

약이 효과를 발휘하는 메커니즘

약에 대해 생각해보자. 약이란 무엇일까? 약을 정의하기는 쉽지 않지만 간단히 말하면 '병을 치료해 건강 상태를 회복, 유지, 향상시켜주는 것'이라고 할 수 있다. 현재 일본에서 처방전이 필요한 약은 1만 종 이상이라고 한다. 약이 병을 치료하고 건강을 회복시키는 메커니즘은 천차만별이어서 일반화하기 어렵다.

애초에 어떤 메커니즘으로 병을 치료하는지 잘 알려져 있지 않은 약도 많다. 약의 치료 메커니즘을 모른다고 하면 의외라고 생각할지도 모르지만, 사실 지금 사용되고 있는 약 중에는 병에 걸리는 메커니즘을 발견한 다음에 그에 맞춰 만든 것보다는 '우연히' 발견된 것이 많다. 플레밍Alexander Fleming, 1881~1955이 항생물질인 페니실린을 발견한 것이 그 대표적 예다. 플레밍은 푸른곰팡이의 주위에서 박테리아(포도상구균)가 사멸하는 현상을 보고 푸른곰팡이가 박테리아를 죽이는 '무엇인가'를 가지고 있음을 깨달았다. 이를 계기로 푸른곰팡이가 만드는 페니실린이라는 화합물이 박테리아를 죽이는 효과가 있음을 밝혀낸 것이다. 이 단계에서는 페니실린이 어떻게 박테리아를 사멸시키는지 그 메커니즘까지는 알지 못했다. 그런데 환자로서는 병이 낫기만 한다면 약의 메커니즘 따위는 몰라도 그만인 것이 사실이다.

다만 '우연히' 발견된 약이 병의 어디에 어떻게 작용하는지 알면 더 좋은 효과를 가진 약이나 부작용을 줄인 약을 개발할 가능성이 생긴다. 실제로 발견 당시에는 왜 효과가 있는지 이유를 몰랐던 약도 그후 연구를 통해 치료 메커니즘을 알게 되는 경우가 많다. 약이 효과를 발휘하는 메커니즘을 알면 병의 발병 원인에 대한 이해가 깊어지게 되어 그 덕에 새로운 유형의 약을 개발할 수도 있다.

이 책의 기본 취지는 분자의 층위에서 생명을 이해하는 것이다. 그러므로 약이 어디에 작용하는지 분자의 층위에서 거의 밝혀진 사례 몇 가지를 소개하고자 한다.

항생물질
박테리아의 생명 활동을 저해

항생물질은 여러 가지 병의 치료와 예방을 위해 자주 처방되므로 모두에게 친숙한 용어일 것이다. 그런데 항생물질이라는 말의 의미를 유심히 생각해보면 조금 헷갈리는 부분이 있지 않은가? 애초에 '항생물질'은 어떻게 구성된 단어일까? '항생-물질'일까? 아니면 '항-생물-질'일까?

항생물질은 'antibiotics'라는 영어를 번역한 말이다. 'anti'는 '항', 'biotics'는 '생물의'라는 의미이므로 '항-생물-물질'은 '생물에 저항하는 물질' 정도로 번역할 수 있다. 그러나 항생물질이 모든 '생물'의 탄생을 저해한다면 우리마저도 죽여버릴 테니 참으로 모호한 용어다. 일반적으로 항생물질은 박테리아가 태어나는 것을 저해하는 물질의 총칭으로 쓰인다. 박테리아도 생물도 살아 있다는 점에서는 똑같지만 항생물질은 박테리아(원핵세포)에만 존재하고 진핵세포에는 존재하지 않는 성질만을 노려서 효과를 발휘한다.

항생물질은 지금까지 100종 가까이 발견되었는데, 원핵세포의 어디에 작용하느냐에 따라 몇 가지 그룹으로 분류된다. 먼저 가장 많은 것은 세균의 세포벽(식물세포나 원핵세포 대부분은 세포벽이 있다5)합성을 저해하는 항생물질이다. 최초로 발견된 항생물질인 페니실린이 이 그룹에 속한다. 세포벽이 생기지 않으면 생물의 기본인 세포가 만들어지지 못하므로 세균은 증식하지 못한다. 그리고 세포벽은 인간을 구성하는 세포에는 존재하지 않으므로 페니실린은 세균의 생육만 저해한다.

5 세포벽이 없는 박테리아도 존재한다. 예를 들어 미코플라스마는 세포벽이 없기 때문에 페니실린 같은 세포벽합성을 저해하는 항생물질이 효과를 발휘하지 못한다.

다음 그룹은 테트라사이클린Tetracycline으로 대표되는 단백질합성 저해제다. 이 그룹은 단백질합성의 중심인 리보솜에 결합해 효과를 발휘한다. 리보솜은 진핵세포에도 존재하지만 원핵세포의 리보솜과 진핵세포의 리보솜은 구조가 크게 다르기 때문에 원핵세포에만 효과를 발휘한다.

세 번째 그룹은 DNA 등 핵산의 합성이나 복제를 저해하는 약이다. 예를 들어 리팜피신Rifampicin이라는 항생물질은 박테리아의 RNA 폴리메라아제를 저해한다. RNA 폴리메라아제가 작용하지 않으면 mRNA가 만들어지지 않아 단백질합성을 하지 못하기 때문에 항생물질로서 효과를 발휘한다.

재미있는 점은 항생물질이 노리는 타깃이 세포나 단백질 또는 핵산으로 생명의 정의 자체를 근본부터 무너뜨려서 살 수 없게 만든다는 것이다.

다만 기억해야 할 사실은 바이러스에는 항생물질이 효과가 없다는 것이다. 바이러스는 DNA(또는 RNA)를 가지고 있지만 감염시킨 세포에서만 증식할 수 있다는 점에서 보통은 독립된 '생명'으로 보지 않는다. 바이러스는 박테리아와 비슷하지만 박테리아가 아니다. 따라서 바이러스에 감염된 인간 등의 진핵세포에는 항생물질이 효과를 발휘하지 못한다. 인플루엔자 등에 걸렸을 때 병원에서 항생물질을 처방하는 경우가 있는데, 이것은 인플루엔자 자체를 몰아내기 위해서가 아니라 합병증으로 세균류가 번식하는 것을 막기 위해서다.

아스피린
기원전에 원류를 둔 약의 왕

널리 사용되는 약 가운데 하나인 아스피린을 모르는 사람은 아마 없을 것이다. 아스피린은 19세기 말 독일 제약 회사가 아스피린(아세틸살리실산Acetylsalicylic acid)의 화학합성에 성공한 이래 베스트셀러의 자리를 굳건히 지키고 있는 '약의 왕'으로서 기네스북에도 올랐다고 한다. 아스피린 자체도 역사가 100년이 넘을 만큼 충분히 오래된 약이지만, 사실 아스피린의 원류는 기원전부터 사용되어왔다. 먼 옛날부터 버드나무 껍질에는 진통 작용을 하는 물질이 들어 있다는 사실이 알려져 있었다. 바로 살리실산Salicylic acid이라는 화합물이다. 다만 살리실산은 위장을 손상시키는 부작용이 강한데, 이 살리실산의 화학구조를 조금 바꿔 부작용을 줄인 아세틸살리실산이 바로 아스피린이다. 아스피린은 매우 광범위한 진통 효과로 유명한데, 최근 들어 소량의 아스피린을 꾸준히 복용하면 심근경색을 예방하는 효과가 있다는 사실도 알려져 그 용도가 더욱 확대되고 있다.

아스피린이 어떤 작용 구조로 효과를 발휘하는지는 오랫동안 베일에 싸여 있었지만, 생명과학이 발전함에 따라 몸속 어디를 타깃으로 삼는지 밝혀졌다. 아스피린은 사이클로옥시게나아제Cyclooxygenase라는 효소에 결합해 이 효소의 작용을 억제함으로써 효과를 발휘한다. 사이클로옥시게나아제는 염증 등을 일으키는 프로스타글란딘 Prostaglandin이라는 물질을 합성할 때 필요한 중요 효소다. 프로스타글란딘이 있으면 통증이 생기므로 아스피린으로 사이클로옥시게나아제를 억제해 진통 효과를 내는 것이다.

타미플루
생명과학의 진보가 낳은 분자표적약

항생물질이나 아스피린은 자연계에 존재하는 천연화합물을 인류가 약으로 사용하는 것이다.[6] 생명과학이 발전해서 병에 걸리는 원인을 완벽히 밝히면 특정 병에 효과가 있는 특효약 등을 간단히 설계할 수 있지 않겠느냐고 생각할 수도 있다. 그러나 실제로는 생명과학이 발전한 지금도 대부분의 약에는 곰팡이 등의 미생물이 생산하는 천연물이 사용되고 있으며, 무엇에 효과가 있는지 잘 모르는 채로 준비한 방대한 화합물의 라이브러리에서 운 좋게 효과가 있는 화합물을 발견하는 경우가 대부분이다.

6 실제로는 천연물을 그대로 사용하는 것이 아니라 천연물의 구조를 조금 변형시켜 가장 효과가 좋은 화합물을 찾아내 약으로 만드는 경우가 일반적이다.

다음으로 소개할 약은 인류가 디자인해 만들어낸 대표적인 약 타미플루다. 인플루엔자의 특효약으로서 이 약의 혜택을 받은 사람도 많은데, 타미플루는 비교적 최근에 등장했다. 그전에는 인플루엔자바이러스에 직접 효과를 발휘하는 약이 없었기 때문에 인플루엔자에 걸리면 항생물질로 합병증을 막으면서 저절로 치료되기를 기다리는 수밖에 없었던 만큼 타미플루의 등장은 획기적이었다.

타미플루는 인플루엔자바이러스가 어떻게 증식하는지에 대해 이해하고 분자 층위에서 진행된 성과를 바탕으로 인류가 만들어낸 완전히 새로운 약이다. 인플루엔자바이러스의 표면에는 뉴라미니다아제Neuraminidase라는 효소가 많이 있는데, 이 효소는 감염시킨 세포에서 증식할 때 활동한다. 따라서 뉴라미니다아제의 기능을 억제하는 분자를 만들면 인플루엔자에 효과적인 약이 될 것이라는 발상에서 개발된 약이 타미플루다. 먼저 뉴라미니다아제의 입체구조를 밝히고 이것이 기능할 때 중요한 부분에 딱 맞게 들어갈 분자를 컴퓨터로 설계했다. 그리고 설계한 분자를 유기화학적으로 인공합성해 뉴라미니다아제의 작용을 억제하는지 조사한 다음 효과가 있는 분자를 조금씩 개량한 것이 타미플루가 되었다.

타미플루의 예와 같이 병에 걸리는 메커니즘에 대한 연구로 병과 직접 관련된 분자가 밝혀지면 그 분자를 표적으로 삼아 약을 설계할 수 있다. 분자표적약은 아직 그리 많지 않지만, 항암제나 알츠하이머병 등에 효과가 있는 분자표적약이 속속 개발되고 있어 기대를 모으는 중이다.

항체의약품
단백질을 약으로 만든다

오랜 역사를 자랑하는 아스피린과 인류가 탄생시킨 새로운 약 타미플루를 소개했다. 그렇다면 현재는 어떤 약이 만들어지고 있을까? 기존의 약은 미생물이나 식물이 만들어내는 화합물 등을 바탕으로 합성한 것이 많았는데, 최근 들어 바이오의약품이라고 부르는 약이 비약적으로 발전해 세계 의약품 매출 순위에서 상위권의 절반 이상을 차지하고 있다. 바이오의약품은 바이오테크놀로지를 구사해 생물이 단백질을 만들게 한 다음 그 단백질을 의약품으로 만든 것으로, 단백질성 의약품이라고도 부른다. 혈당치를 조절하는 인슐린이 단백질성 의약품의 시초인데, 최근에 개발되고 있는 바이오의약품은 면역에 중요한 항체단백질을 약으로 만드는 항체의약품이 대부분이다. 3장에서 간략하게 설명했듯이 우리 몸에는 수백만 종에 이르는 다양한 항체를 만드는 시스템이 갖춰져 있다. 이 시스템을 인위적으로 이용해 특정 질병의 표적이 되는 분자에 결합시켜 병을 치료하는 효과를 지닌 항체를 골라낸 다음, 이를 대량으로 생산해 약으로 만든다.

항체라는 생명이 지닌 교묘한 메커니즘을 이용한다는 관점에서 보면, 단백질성 의약품 역시 기본적으로는 미생물이 생산하는 항생물질 등과 같은 개념 아래 만들어진 약이다. 그렇다면 자연에 존재하지 않는 단백질을 직접 디자인해서 약으로 만들 수는 없을까? 현시점에서 우리가 원하는 입체구조나 기능을 지닌 단백질을 창조하기는 불가능하다. 다만 7장에서도 간략히 설명하겠지만, 과학이 더욱 발전해 원하는 형태나 기능을 지닌 단백질을 자유자재로 만들어낼 수 있게 된다면 약의 미래는 더욱 밝아질 것이다.

G단백질 연결수용체
미래의 약 중 절반이 표적으로 삼다

약의 미래에 대해 생각해보자. 앞으로 개발이 기대되는 약은 몸속 어떤 분자를 표적으로 삼을까? 현재 많은 제약 기업이 열심히 연구를 진행 중인 것이 있다. 바로 G단백질 연결수용체GPCR, G Protein Coupled Receptor다. 향후 새로 나올 약의 30~50퍼센트는 GPCR과 관련된 것이 아닐까 하는 추측이 있을 정도다.

GPCR이란 무엇일까? 간단히 말하면 막에 존재하는 수용체 단백질이다. 예를 들어 공포 등을 느끼면 몸에서 아드레날린이 방출되고 심장박동이 빨라지는 등 다양한 반응이 나타나는데, 이때 세포 외부에 있는 아드레날린은 세포막에 있는 GPCR과 결합해 세포 안에 정보를 전달한다. 인간 유전체에는 1,000종이 넘는 GPCR이 있는데, 이들은 모두 자극을 받은 하류에 세포 안으로 정보를 전달하기 위해 중요한 G단백질(GTP결합단백질)을 가지고 있다는 공통점이 있다.

대부분의 병은 세포와 세포 사이의 정보전달계에 이상이 발생하는 것이 원인이라 여겨진다. 따라서 앞으로는 GPCR을 표적으로 삼은 약이 많이 등장할 것이다. GPCR이 연구가 어려운 막단백질인 까닭에 그 중요성을 알고 있음에도 그동안 연구가 진행되지 못했는데, 미국의 코빌카Brian Kobilka와 레프코위츠Robert Lefkowitz가 GPCR의 입체구조를 규명함으로써 돌파구를 열었다. 코빌카가 2007년 GPCR의 입체구조를 발표한 지 불과 5년 뒤인 2012년 GPCR의 발견자인 레프코위츠와 함께 노벨 화학상을 받은 사실만 봐도 GPCR의 입체구조가 규명되기를 세상이 얼마나 간절히 기다렸는지 알 수 있다.

개인의 유전체정보를 바탕으로 한 맞춤의료

지금까지 몇 가지 약을 예로 들어 약 성분이 특정 표적 단백질에 직접 작용해 효과를 발휘함을 설명했다. 아스피린이든 타미플루든 약과 단백질 사이에는 정밀한 상호작용이 필요하므로 단백질에 변이가 발생하면 그 상호작용이 붕괴될 위험성이 있다. 또한 복용한 약이 몸속에서 분해되어 효과가 사라지는 대사 속도에도 개인차가 있다. 5장에서 유전체에 관해 설명할 때 인간의 유전체는 대체로 일치하지만 개인마다 조금씩 차이가 있다고 했다. 바로 단일염기다형성 때문인데, 이 스닙이 일상생활에 직접 영향을 미치는 것으로 알려진 분야가 바로 의료다. 병에 잘 걸리는 사람과 잘 걸리지 않는 사람이 있는 것도 그렇고, 약의 효능에 개인차가 있는 것도 생활 습관 등의 환경요인과 함께 개개인의 유전체가 조금씩 다르다는 유전적 요인과 관련이 있음이 속속 밝혀지고 있다.

현시점에서는 개개인의 유전체정보를 조사하지 않고 있지만, 조사하고자 한다면 조사할 기술력은 이미 확보된 상태다. 그러므로 한 사람 한 사람의 유전체정보가 손에 들어오는 시대가 가까운 미래에 반드시 찾아올 것이다. 그렇게 되면 유전체정보를 바탕으로 같은 병이라도 개개인에 따라 완전히 다른 약을 처방할 수도 있다. 생각해보면 지금도 경험이 풍부한 의사들은 환자의 특징과 특성 등에 따라 약의 종류나 양을 다르게 처방하는데, 이와 같이 의사 개인의 경험에 의지하던 치료가 좀더 효과적이고 정확해질 것으로 기대한다.

어떤 병에 대한 약으로 A와 B가 있을 때 개인의 유전체에 따라 A를 쓸지 B를 쓸지 선택하는 의료를 '맞춤의료'라고 부른다. 미리 준비된 약 중에서 고르기 때문에 맞춤이라고 부르는 것이다. 아직은 꿈같은 이야기겠지만, 언젠가는 맞춤의료를 넘어 한 사람 한 사람에게 전용 약을 준비하는 '오더메이드Order made의료'가 실현될 날도 찾아올지 모른다.

7장

인간은 생명을 창조할 수 있을까?

바야흐로 합성생물학이라는 분야의 시대로 접어들었다.
현재는 다양한 수준의 생명 현상과 생명을 관장하는 세포를 합성하는 것부터 연구를 진행하고 있다. 만약 인간이 세포를 합성하고 인공적으로 단백질도 만들어낼 수 있다면 '생명을 창조'하는 일도 가능하지 않을까? 아직은 알 수 없다. 하지만 '창조할 수 없음' 역시 증명되지 않았다.
생명 창조와 관련된 연구는 윤리적인 문제와 밀접하게 연관되어 있어 일면 위험하기도 하지만 이는 향후 생명과학의 매우 중요한 쟁점 중 하나가 될 것이다.

생명은 언제 출현했을까?

지금까지 생명과 관련된 기본적인 내용을 알아봤다. 이제 1밀리미터의 1,000분의 1밖에 안 되는 박테리아라 해도 매우 복잡하고 정교한 시스템을 통해 생명을 영위하고 있음을 알게 되었을 것이다. 세포를 중심으로 진행된 이야기 속에서 여러 가지 궁금증도 생겼을 수 있다. 특히 '세포는 어떻게 이 세상에 출현했을까?' '세포 하나에서 어떻게 인간 같은 고도의 복잡한 생명이 탄생할 수 있었을까?'라는 의문이 들 것이다. 이런 의문은 생명의 기원과 진화의 문제 그 자체로, 생명과학에서 가장 오래된 논의 주제다.

현시점에서는 생명의 기원, 즉 최초의 생명(세포)이 탄생한 시기를 약 38억 년 전으로 추정한다. 지구의 나이가 약 46억 년이라는 것이 정설이므로 지구가 태어나고 8억 년이 지난 뒤에야 생명이 탄생한 셈이다. 단세포생물인 박테리아가 최초로 탄생하고 나서 생명은 조금씩 진화하면서 다양한 생물을 만들어냈고, (여러 설이 있지만) 지금으로부터 약 6억 년 전 다세포생물이 처음으로 등장했다. 말하자면 지구 역사 중 절반 이상은 단세포생물의 시대였다.

생명의 진화는 재현할 수 없다

수십수백 년 정도의 과거라면 기억이 남아 있겠지만 수억 년은 인간의 시간 개념을 아득하게 초월하는 단위다. 따라서 기나긴 생명의 역사를 들여다보기 위해서 드문드문 발견되는 화석에 의존하는 수밖에 없다. 타임머신을 타고 과거로 돌아가 관찰할 수 있다면 좋겠지만, 아무리 과학이 발전했다고 해도 과거로 거슬러 올라가지는 못한다. 생명이 어떻게 탄생하고 어떻게 진화해 다양성이 생겨났으며 인간까지 진화했는지 재현할 방법이 없는 것이다.

당연하다면 당연한 말이지만, 이 '재현할 수 없다'는 사실이 생명의 기원이나 진화의 연구를 어렵게 만드는 요인이다. 현대 과학을 진전시키는 매우 중요한 절차 중 하나는 '실험의 재현 가능성'이다. 누가 실험하더라도 똑같은 결과가 나온다는 것을 전제로 다양한 진리가 도출되었으며 과학이 진보해왔다. 그러나 생명의 기원이나 진화는 재현이 불가능하다. 그런 까닭에 진화 연구는 엄밀한 의미에서 과학이 아니라는 인식이 일부에 뿌리 깊게 존재하고 있다.

진화의 증거와 진화 과정의 관찰

진화가 과학이 아니라고 해도 인류는 생명이란 무엇이며 어디에서 탄생했는지를 먼 옛날부터 끊임없이 알고 싶어 했다. 생명을 연구하는 궁극의 이유는 우리의 뿌리를 찾는 것이라 해도 과언이 아니다.

진화를 실감해볼 수는 없을까? 앞서 38억 년 전에 생명이 탄생했다고 말했는데, 이것은 35억 년 전의 미생물 화석이 발견된 것에 근거를 둔 설이다. 다윈은 갈라파고스제도의 생물을 면밀히 관찰하고 진화에 관한 착상을 얻어 진화론의 기념탑인 《종의 기원》을 썼다. 이 두 가지 예를 보면 생명의 역사 속에서 우리는 단지 생명의 기원이나 진화의 흔적을 발견했을 뿐 실시간으로 진화의 과정을 직접 지켜본 것이 아니다.

우리가 살아 있는 '지금 이 순간'에도 지구상의 생명은 계속 진화하고 있을까? 물론 인간도 포함해서 말이다. 진화는 어느 날 갑자기 일어나는 현상이 아니다. DNA 변이가 조금씩 축적되어 다른 종이 탄생하는 진화가 일어나려면 매우 긴 세월이 필요한 것으로 추정된다. 그렇다면 인간이 살고 있는 시간 규모, 예를 들어 수십 년이라든가 100년 동안에 일어나는 진화 과정을 관찰하는 것은 불가능한 일일까?

진화 과정을 볼 수 있는 예

실제로는 수십 년 단위로 어떤 생물이 진화한 과정을 볼 수 있는 예가 존재한다. 원래 자연에는 존재하지 않기에 분해되지 않아야 할 인공유기화합물을 분해해 영양분으로 사용하는 박테리아가 출현한 예가 있다. 게다가 그 박테리아는 인공유기물이 대량으로 폐기된 곳 근처에서 출현했다. 이 경우 박테리아가 진화해 인공유기물을 분해하는 효소를 새로 만든 것이라 추정할 수 있다. 항생물질이 듣지 않아 의료현장에서 문제가 되고 있는 다제내성균 또한 일종의 진화의 예로 볼 수 있다. 항생물질 투여가 반복되는 사이에 어떤 박테리아 집단이 항생물질을 분해하는 효소를 획득했고, 이것이 결과적으로 다제내성균을 증가시킨 것이기 때문이다.

그런가 하면 실험실에서 특정 단백질을 인공적인 방법으로 진화시킬 수도 있다. 예를 들어 어떤 효소를 촉매능력이 높게끔 만드는 여러 방법이 있으며, 이것이 진화분자공학이라고 부르는 분야를 형성하고 있다.

창조해봐야 비로소 이해할 수 있다

이 책에서는 먼저 생명이란 무엇인가를 정의하고 그 정의를 바탕으로 논의를 진행했다. 그러나 '생명'은 설령 박테리아라 하더라도 매우 복잡하기 때문에 이해하기가 쉽지 않다. 그래서 환원주의적인 방법론을 적용해 생명을 이해하려는 움직임이 있다. 생명에서 불필요한 것을 버리고 나면 마지막에 남는 최소한의 부분이 생명의 최소 단위일 것이라는 생각이다. 유전체 사이즈가 작은 생물이라면 폐렴을 일으키는 미코플라스마가 대표적이다. 미코플라스마의 유전체에는 500종 정도의 유전자가 있는데, 이 500종을 어디까지 줄일 수 있는가 하는 연구가 진행 중이다. 현재는 단백질을 300종 정도까지 줄였다고 한다.

다만 최소한으로 줄인다고 해서 과연 생명이란 이런 것이라고 이해할 수 있을까? 일례로 어떤 뱀이 독을 가지고 있다고 가정했을 때, 그 독이 어떤 물질인지 증명하는 최종적인 방법은 무엇일까? 채취한 뱀독으로 다양한 화학분석을 실시해 화합물이 이런 구조식이겠구나 하는 수준까지는 알아냈다고 치자. 그 미지의 뱀독이 화학적으로 분석한 구조 자체로 독이 되는지를 최종적으로 증명하려면 유기합성화학을 구사해 그 화합물을 인공적으로 만든 다음 합성 뱀독과 직접 뱀에게서 채취한 독이 같은 독성을 가졌는지 확인해야 한다. 말하자면 우리가 합성을 해봐야 비로소 그 독의 구조에 대한 예상이 맞았는지 증명할 수 있다는 말이다. 이것은 과학에서 '재현 가능성'이 중요하다는 생각과 일맥상통한다.

세포를 창조한다

만들어봐야 비로소 이해할 수 있다는 것이 과학적인 절차라면 생물의 기원에 대한 연구를 '과학'으로 삼기 위해서는 생명의 최소 단위인 세포를 '창조해야 한다'는 결론에 도달한다. 수십억 년 전에 일어났던 생명의 기원을 인공적으로 재현해보는 것이다. 인류가 지금까지 이룩

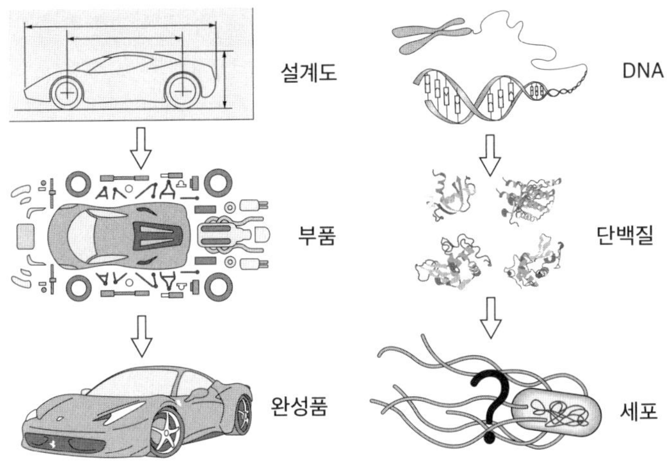

그림 7-1 '만들어봐야' 비로소 생명을 이해할 수 있다
자동차는 설계도를 바탕으로 부품을 만들고 조립하면 완성되는데
그렇다면 생명도 똑같은 방법으로 창조할 수 있을까?

한 과학을 바탕으로 지혜를 짜내서 만든 세포가 '존재하면' 생명을 최종적으로 이해한 것이 된다는 논법이다. 사실 이렇게 인공세포를 만들 수 있다면 그 세포에서 생명을 진화시킬 수도 있을지 모른다.

무엇을 '창조한다'는 것에 대해 인류가 창조한 대표적 기계인 자동차를 예로 생각해보자. 자동차는 복잡하기는 하지만 설계도에 따라 부품을 조립해나가면 완성할 수 있으며 에너지로 휘발유를 넣으면 움직인다**그림 7-1**. 그렇다면 생명은 어떨까? 설계도는 DNA(유전체)다. 부품은 DNA가 가진 정보에 따르면 단백질이다. 그렇다면 부품인 단백질을 조립해 세포를 만들 수 있을까?

인류의 손으로 새로운 생명계를 창조한다고 하면 거대한 야망, 아니 공상과학소설 속 이야기처럼 들린다. 실제로 '생명을 창조'하는 일이 과연 가능할까? 아직은 알 수 없다는 것이 정답이지만, '창조할 수 없음' 역시 증명되지 않았다. 최신 생명과학 연구의 흐름 중에는 세포를 창조하자는 움직임이 있다. DNA 이중나선 구조를 발견한 지 반세기 이상이 지나 수많은 생물의 유전체가 통째로 해독된 지금, 세포를 창조할 만큼 생명과학의 지식과 기술이 충분히 무르익었다고 느끼는 사람들이 있는 것이다.

'만든다=합성'이므로, 이런 흐름을 '합성생물학'이라고 부른다.

합성생물학의 시대

직접 만들어봄으로써 생물을 이해하려는 합성생물학은 생명과학의 다양한 분야의 연구자들이 결집해 만든 새로운 분야다. 이들의 궁극적인 목표는 '세포를 만드는' 것이지만 무작정 세포를 창조하는 것은 어려운 일이다. 게다가 세포를 창조하려면 생명과학의 지식만으로는 불충분하다. 따라서 합성생물학은 생명과학 이외에도 화학과 계산과

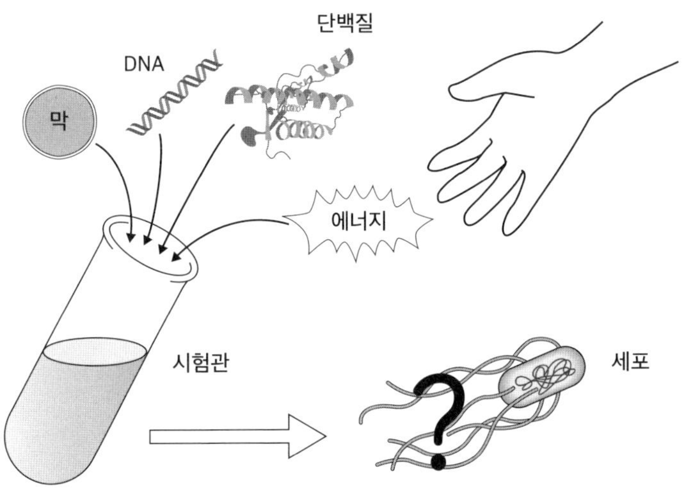

그림 7-2 세포를 '창조하려는' 시도

학, 정보과학 등 수많은 다른 분야의 최첨단 연구를 도입하며 발전을 거듭하고 있다.

현재는 다양한 수준의 생명 현상과 생명을 관장하는 세포를 합성하는 것부터 연구를 진행하고 있다. 생명의 정의를 설명하면서 등장했던 막, 단백질, DNA와 관련해 합성생물학이 어디까지 진전을 이루었는지 소개하겠다 **그림 7-2**.

인공막으로 세포와 같은 용기를 만드는 일

생명의 정의를 소개할 때 먼저 다룬 것이 생체막이다. 지질로 용기를 만들어 외부로부터 격리시킬 때 생명이 생명다워지는데, 지질의 이중막으로 구성된 세포막 같은 구조는 인공적으로 만들 수 있다. 하나의 분자 속에 물에 잘 녹는 부분과 잘 녹지 않는 부분을 가지는 계면활성제(간단히 말하면 비누)를 수용액 속에서 적당한 조건에 두면 아주 작은 캡슐이 생긴다. 이 막으로 둘러싸인 캡슐을 리포솜Liposome 혹은 베시클Vesicle이라고 부른다. 비눗방울을 연상하면 된다. 세포의 막 구조를 비교적 간단히 만들 수 있다면, 이제 생명에 필요한 분자를 리포솜 속에 집어넣고 리포솜의 내부에서 단백질을 합성하면 인공세포가 되는 것이 아니냐고 생각하는 사람이 있을 것이다. 사실 이미 그런 시도가 진행되고 있다.

인공단백질을 만드는 일

그렇다면 단백질도 인공적으로 만들 수 있을까? 무엇을 인공단백질로 생각하느냐에 따라 답은 달라진다. 단백질을 아미노산이 연결된 끈이라고 생각하면 아미노산을 유기합성적으로 연결하는 기술은 이미 완성된 상태지만, 단백질이 길어질수록 유기합성적인 수법으로는 합성이 어려운 탓에 고작해야 아미노산 100개가 연결된 폴리펩타이드 정도가 만들 수 있는 한계다. 다만 천연단백질을 인공적으로 합성하는 것 자체는 가능하다고 할 수 있다.

3장에서 이야기했듯이 단백질은 생명 활동을 지탱하는 기능분자다. 그렇다면 자연에는 없는 기능을 가진 단백질을 인공적으로 만들 수 있을까? 이것이 가능하다면 단백질은 이상적인 기능분자이므로 의약·공업·농업 등 다양한 분야에 응용할 수 있다. 그러나 기능을 가진 인공단백질을 실현하기에는 아직 갈 길이 멀다. 현재로서는 연구의 실마리를 발견한 수준에 불과하다. 앞서 단백질은 형태가 생명이며, 형태를 형성하는 과정인 폴딩은 아직 충분히 해명되지 않았다고 설명했다. 인공단백질을 만드는 것이 어려운 이유는 단백질이 어떻게 폴딩해서 입체구조를 획득하는지 알지 못해서다. 이와 관련해서 아미노산배열로부터 단백질의 입체구조를 예측할 방법이 확립된다면 큰 도움을 받을 수 있을 것이다. 아미노산배열과 단백질의 입체구조를 연결하는 관계를 이해하면 입체구조에서 아미노산배열을 추정할 수도 있다는 논리다. 이와 같은 방법으로 자연에는 존재하지 않는 효소를 디자인하는 데 일부 성공한 예가 있다**그림 7-3**.

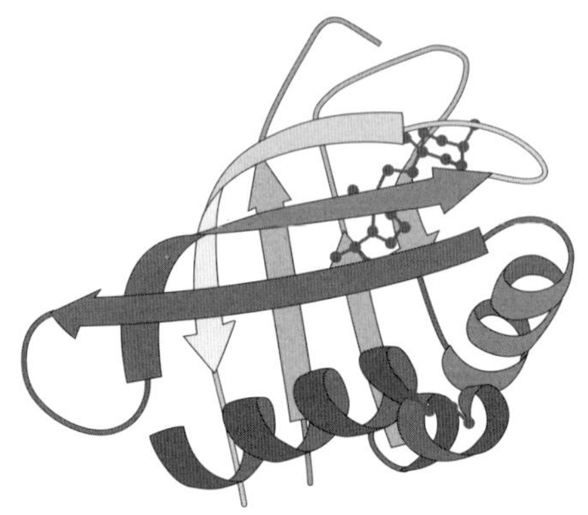

그림 7-3 데이비드 베이커David Baker의 성과(〈네이처〉, 2013년)를 바탕으로 작성한 약제를 결합하는 인공단백질의 입체구조

대사계를 만드는 일

그림 4-2(126쪽)의 대사 네트워크 지도를 다시 보자. 매우 복잡하게

얽혀 있는 대사계에서는 경로 하나하나에 효소 기능을 가진 단백질이 관여한다. 그러나 방금 이야기했듯이 새로운 기능을 가진 인공단백질을 만들기도 어려운 상태이므로 대사계를 창조하는 것은 당연히 더욱 어렵다. 다만 대사계는 복잡한 네트워크를 그릴 수 있을 만큼 연구가 진행되었기 때문에 합성생물학의 연구 타깃으로 자주 쓰인다. 대사 경로의 극히 일부만을 발췌해 원하는 인공대사 경로를 만들거나 계산과학으로 시뮬레이션을 실시해 복잡한 대사계를 재현하는 연구가 진행 중이다.

합성생물학의 특이한 시도 중 하나로 학생들을 대상으로 국제합성생물학대회iGEM, internationally genetically engineered machine가 열린다. iGEM에서는 학생들이 기존 유전자회로의 부품을 레고 블록처럼 자유롭게 조합해 대장균 등에 새로운 생물학적 기능을 부여하며 팀 단위로 경쟁을 펼친다.

인공유전체를 만드는 일

DNA를 구성하는 뉴클레오타이드를 수십 개 수준에서 원하는

ATGC의 순서로 연결하는 기술은 이미 확립되었다. 유기화학의 수법을 사용하면 가능한 일로 뉴클레오타이드의 부품을 순서대로 연결하는 합성장치가 수십 년 전부터 시판되고 있을 정도다. 그러나 생명이 지닌 DNA 세트, 즉 유전체 수준으로 합성하려고 하면 이야기가 달라진다. 하다못해 박테리아라 하더라도 수백만 뉴클레오타이드에 이르는 DNA를 연결하는 것은 양적인 측면에서 어려운 일이기 때문이다. 다만 이와 관련해 최근 커다란 진전이 있었다.

미국의 벤터 박사가 이끄는 연구소에서 유기화학의 수법을 확장해 미코플라스마의 유전체를 통째로 창조하는 데 성공한 것이다. 미코플라스마가 유전체가 적은 박테리아의 대표라고는 해도 유전체 수가 58만 염기쌍에 이른다. 이곳에서 만들어진 유전체의 이름은 '미코플라스마 라보라토리움Mycoplasma laboratorium'으로, 연구소에서 만들어진 미코플라스마라는 의미다. 유전체를 인공적으로 합성할 수 있다면 자연에 없는 유전자를 인공유전체에 집어넣는 것은 간단한 일이다. 벤터 박사는 합성생물학의 개척자로서 유전체를 합성하는 것에 그치지 않고 효율적으로 에너지를 생산하는 박테리아의 창조를 최종 목표로 삼아 연구를 계속하고 있다.

인공유전체를 천연 박테리아에 이식하다

벤터 박사는 인공적으로 유전체를 합성했을 뿐만 아니라 그다음 단계까지 진행했다. 인공유전체를 천연 미코플라스마에 '이식'하는 데 성공한 것이다**그림 7-4**. 이식에 성공해 인공유전체를 가진 미코플라스마가 증식했으므로 생명이라고 부를 수 있다.

이 이야기를 듣고 '이제 인공적으로 생명을 창조할 수 있는 건가?'라고 생각할 수도 있다. 실제로 해외 언론 중에는 '세계 최초로 인공생명

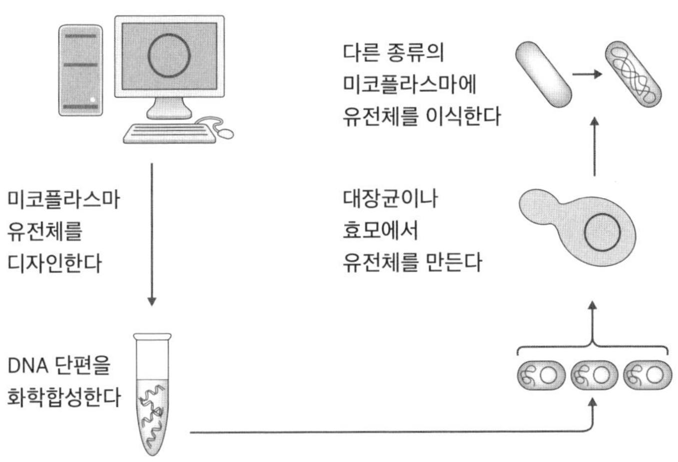

그림 7-4 세포합성의 첫걸음

이 완성되다'라고 보도한 예도 있다. 그러나 주의할 점은 이 실험에서 인공적인 것은 이식에 사용한 유전체뿐이며, 그 밖에는 천연 미코플라스마였다는 것이다. 다시 말해 세포의 형태를 만드는 지질의 막이나 세포 내의 단백질 등은 천연 미코플라스마에서 유래한 세포로부터 출발했고 설계도인 유전체만 인공적인 것으로 교체되었다는 말이다. 이 정도로는 아직 인공세포라고 인정하지 않는 것이 현실이지만, 그래도 생명과학의 커다란 진전임에는 틀림이 없다.

세포 창조에 대한 윤리적인 문제들

이 장에서는 생명 혹은 생체분자를 인공적으로 창조하려는 다양한 움직임을 살펴봤다.

다만 '생명을 창조한다'고 하면 신의 영역을 침범하는 불경한 연구가 아닌가 하는 의문을 품는 이도 있을 것이다. 인류는 신의 영역에 발을 들인 것일까? 언젠가 정말로 세포를 창조할 수 있는 단계까지 연구가 진행된다면 인간이 생명을 창조해도 되느냐는 논란이 격렬해질 것임은 불을 보듯 뻔하다. 실제로 합성생물학자들은 연구가 불러일으킬 윤리적인 문제까지 충분히 고려하고 있으나, 인간이 생명을 창조할 수 있는가 하는 문제는 향후 생명과학의 쟁점 중 하나가 될 것임에 틀림없다.

닫는 글

생명과학은 계속 진화한다

먼저 독자에게 감사의 인사를 전하고 싶다. 책을 읽고 나서 읽기 전 가졌던 '생명'에 대한 생각이 달라졌는가?

생명과학은 폭넓은 분야이므로 모든 분야를 섭렵하기란 무리지만 일단 이 한 권만 읽어도 '생명이란 무엇인가?'를 개략적으로 파악할 수 있도록 썼다. 이 책을 읽고 생명과학에 흥미를 느껴 더 알아보고 싶어 할 수도 있는데, 어떤 책을 콕 집어서 소개하기는 어려우니 흥미를 느낀 분야에 대해 더 깊은 내용을 담은 책을 찾아 읽어보기 바란다. 굳이 한 권을 소개하자면 《세포의 분자생물학The Cell: Molecular Biology of the Cell》(브루스 앨버트Bruce Alberts 외 지음)은 생명과학을 공부하는 전 세계 학생과 연구자 들에게 필독서라고 해도 과언이 아닌 교과서 같은 책으로, 이 책을 집필할 때에도 많은 부분을 참고했다.

나는 생명과학, 그중에서도 단백질 연구에 20년 이상 몸담아왔는데 연구를 하면 할수록 세포라는 마이크로의 세계, 단백질이라는 나노의 세계에 놀라게 된다. 세포 내부를 전자현미경으로 찍은 사진은 예술 작품처럼 아름다우며 단백질의 형태와 기능의 다양성, 정교함은 언제나 신선하게 다가온다. 연구자로서 단백질의 신비, DNA의 신비, 생명의 신비에 관해 지금까지 몰랐던 사실을 발견하거나 다른 연구자의 최신 발견을 엿보는 일은 참으로 즐겁다. 그 즐거움이 이 책을 통해 얼마나 전해질지는 알 수 없지만, 여러분도 생명의 신비를 엿보는 즐거움을 깨닫고 앞으로도 지속적으로 관심을 갖고 생명과학에 흥미를 느낀다면 더할 나위 없는 기쁨이겠다.

생명과학의 기초를 이해하는 것은 교양으로서 흥미로울 뿐만 아니라 앞으로의 사회를 살아가는 데에도 여러 가지로 도움이 될 것이다. 생명과학과 관련된 사회문제로는 다음과 같은 것들이 있다.

· 유전자조작식품 문제

· 원자력발전소 사고에 따른 방사선의 영향

· DNA 해석을 통한 새로운 출산 전 진단법

· 광우병 등등

비단 사회문제뿐만이 아니다. 우리 일상생활 속에도 질병, 약, 식사, 다이어트, 건강식품 등 생명과학과 관련된 것들이 열거할 수 없을 만큼 많다.

세상에는 우리의 무지를 이용한 괴상한 건강식품이나 다이어트 방법, 민간요법 등이 넘쳐난다. "○○이라는 건강식품은 정말 효과가 있었는데?"라고 말하는 사람도 있을지 모른다. 물론 효능이 있는 제품도 있을 것이다. 그러나 아무런 효과가 없음에도 효과가 있다고 믿기 때문에 효과가 나타난 것처럼 느끼는 이른바 플라시보(위약)효과도 상당하다. 생명과학의 기초 지식을 갖추면 이런 유행에 현혹되지 않고 사이비과학의 속임수에 빠져 돈을 낭비하는 일도 없을 것이다.

독자가 받을 또다른 혜택은 생명과학의 향후 발전 상황을 좀더 잘 이해할 수 있게 된다는 점이다. 생명과학은 비약적으로 진보하고 있는 분야다. 물리와 화학이라는 수리 계열의 주요 과목과 비교해서 살펴보자. 물리는 뉴턴역학이 17세기, 양자역학과 상대성이론이 20세기 전반에 확립되었다. 화학은 18세기부터 20세기 전반에 비약적인 발전을 이루었다. 그렇다면 생명과학은 어떨까? 17세기에 훅이 세포를 발견하고 19세기에 파스퇴르Louis Pasteur, 1822~1895와 부흐너 등이 생화학의 기초를 세우는 등 이런저런 중요한 연구가 진행되기는 했다. 그러나 현대 생명과학의 기초는 왓슨과 크릭의 DNA 이중나선 구조 발견, 그리고 생명에 대한 센트럴 도그마 개념의 확립이라 볼 수 있다. 이에 따라 지구상에 존재하는 다종다양한 생명이 모습은 달라도 전부 분자의 층위에서 설명 가능한 공통의 원리로 성립했음을 알게 되었다.

왓슨과 크릭의 이중나선 구조 논문이 1953년에 발표된 지 고작

60년 정도밖에 지나지 않았지만, 그 사이에 실로 수많은 발견이 있었다. 지금으로부터 약 20년 전만 해도 인간 유전체를 21세기 초까지 전부 해독한다는 것은 꿈같은 이야기였다. 그러던 것이 지금은 개개인의 유전체를 알아볼 수 있는 시대로 접어들었다. 앞으로 생명과학 분야에서는 다양한 발견이 이어질 것이다. 생명과학에 관한 상식은 거의 매년 바뀌고 있다고 해도 과언이 아니다. 7장에서 설명했듯이 '세포를 창조하는 일'과 관련한 엄청난 연구도 향후의 주목거리다. 부디 관심을 갖고 지켜봐주었으면 한다.

베레 출판의 나가세 도시아키 씨가 없었다면 이 책은 출판되지 못했을 것이다. 이와 같은 입문서를 쓸 기회를 주고 내용을 함께 논의했으며 나아가 좀처럼 완성되지 않는 원고를 참을성 있게 기다려준 데에 깊은 감사의 말을 전한다. 어머니 또한 생명과학을 모르는 사람을 대표해서 많은 조언을 해주었다. 아울러 일반인을 위한 책을 쓰기로 결심한 이유 중 하나는 아내가 예전부터 일반서의 집필을 권했기 때문이기도 하다. 주말 내내 원고를 쓰거나 교정 작업을 할 때도 있었지만 참고 응원해준 아내에게 고마움을 전한다.

마지막으로 지금까지 읽어준 독자에게도 감사의 인사를 전한다. 앞으로도 재미있다고 생각하는 생명과학과 관련된 소식이나 진행하는 연구 등을 블로그 '다구치 히데키의 서플리먼트(http://taguchi-hideki.blogspot.jp)'에서 소개할 생각이다(비정기적으로 업데이트를 하고 있기는 하지만…). 독자 여러분과 생명과학 연구의 즐거움, 단백질의 신비 등을 함께 공유할 수 있다면 큰 기쁨이겠다.

언젠가 다른 곳에서 다시 만나기를 바라며.

다구치 히데키

찾아보기

ㅇ

ㅈ

호모아카데미쿠스 002

쓸모 있는 인문 수업 **생명과학**

1판 1쇄 찍음 2016년 11월 25일
1판 1쇄 펴냄 2016년 12월 5일

지은이 다구치 히데키
옮긴이 김정환
펴낸이 이동준, 정재현
기획편집 전상희, 김소영
디자인 엄혜리, 손현주
제작처 금강인쇄주식회사

펴낸곳 이룸북
출판등록 2014년 10월 17일 제2014-000294호
주소 06312 서울시 강남구 논현로 16길 4-3 이룸빌딩 5층
전화 02-424-2410(판매) 02-579-2410(편집)
전송 02-424-5006
전자우편 erumbook@erumenb.com
블로그 http://blog.naver.com/erum_book
페이스북 https://www.facebook.com/erumbook

ISBN 979-11-87303-02-2 04470
979-11-87303-00-8 04080 (세트)

이룸북은 (주)이룸이앤비의 단행본 브랜드입니다.

이 도서의 국립중앙도서관 출판예정도서목록(CIP)은 서지정보유통지원시스템 홈페이지(http://seoji.nl.go.kr)와 국가자료공동목록시스템(http://www.nl.go.kr/kolisnet)에서 이용하실 수 있습니다.(CIP제어번호: CIP2016026863)